W0370551

Mikroprozessoren

Kleinstcomputer für alle

information ht

Das eigentlich wirksame Element in einem Mikroprozessor-Baustein, der auf dem Foto in annähernd natürlicher Größe dargestellt ist, besteht aus einem Kristallplättchen von nur 6 mal 6 Millimeter Fläche. Auf ihm werden durch fotografische Prozesse, durch Abätzen und Aufdampfen Zonen verschiedener elektrischer Leitfähigkeit geschaffen. Es entsteht eine höchst komplizierte Struktur, die im Hintergrund des Fotos viel hundertfach vergrößert zu erkennen ist. Bei der Herstellung muß eine außerordentliche Genauigkeit eingehalten werden, denn jeder kleine Strich, jede kleine Fläche hat als Leitungsverbindung oder als Bestandteil eines Transistors eine ganz bestimmte Bedeutung für die Funktion.

Mikroprozessoren

Kleinstcomputer für alle

von Dr. Hans-Joachim Sacht

Humboldt-Taschenbuchverlag

humboldt-taschenbuch 338

Umschlagfoto: Singer, Eschborn. Das Umschlagbild zeigt einen speziellen »Mikroprozessor«, der als kundenspezifischer hochintegrierter Baustein für die Programmsteuerung einer Singer-Haushaltsnähmaschine verwendet wird.

Zeichnungen: Entwurf Dr. Hans-Joachim Sacht,
Durchführung Hartmut Pflüger, München

Innenabbildungen:
Werkfoto Keiper KG, Rockenhausen (Abb. 2),
Werkfoto AEG-Telefunken (Abb. 3),
Werkbilder VALVO, Hamburg (Frontispiz und Abb. 5 und 15),
Werkfoto Kienzle Apparate GmbH, Villingen (Abb. 18),
Werkfoto Miele (Abb. 20), Werkfoto Mettler-Instrumente AG,
Greifensee – Zürich (Abb. 21), Werkfoto August Sauter GmbH,
Albstadt-Ebingen (Abb. 22), Werkfoto Standard Elektrik
Lorenz AG, Pforzheim (Abb. 24).

Druck: Elsnerdruck GmbH, Berlin
Printed in Germany
ISBN 3-581-66338-4

5 * 84

Inhalt

Vorwort

Die wirksame Fläche eines Mikroprozessors ist nur wenige Quadratmillimeter groß. Wird dieser mit vielen Tausenden von elektronischen Elementen versehene winzige Splitter eines künstlichen Kristalls unser aller Leben beeinflussen?
Mikroprozessoren werden schon jetzt in Autos und Raketen, in Waagen und Waschmaschinen verwendet. Was sie alles können und wie sie ihre wunderbaren Leistungen vollbringen, soll dieses Buch erklären.
Jeder kann in seinem Aufgabengebiet mit dem Mikroprozessor zu tun bekommen, und so sollte auch jeder zumindest etwas davon wissen. Die Technik des Mikroprozessors ist so faszinierend, daß es sogar schon Hobby-Clubs gibt, die sich damit befassen.
Das vorliegende Buch ist nicht für Fachleute geschrieben. Es soll dem interessierten Laien helfen, die neue Technik zu verstehen. Schon jetzt werden Millionen dieser elektronischen Bauelemente für die verschiedensten Anwendungsgebiete verwendet. Es ist überhaupt noch nicht abzusehen, wofür sie noch überall gebraucht werden können.
Die Überschriften der Kapitel beginnen immer mit einem Fragezeichen, und viele Fragen werden in diesem Buch beantwortet. Möge es dazu dienen, daß sich diejenigen, denen der Mikroprozessor nutzen kann, weiter mit den wahrhaft phantastischen Möglichkeiten dieses neuen Bauelements befassen.

Dr. Hans-Joachim Sacht

Ein Haushalt im Jahre 1985 – oder schon heute?

In den zwanziger Jahren begann man damit, Elektromotoren in den Haushaltungen zu verwenden. Staubsauger und elektrisch angetriebene Waschmaschinen erleichterten der Hausfrau die Arbeit. Aber der Elektromotor ermöglichte auch den Bau von völlig neuartigen Geräten, die den Komfort – vielleicht sogar die Lebensqualität – erhöhten: Die Konstruktion der heute üblichen Kühlschränke oder der Haartrockner zum Beispiel setzte das Vorhandensein von Elektromotoren voraus.
In einem durchschnittlich ausgestatteten Haushalt laufen heute bereits etwa 20 Elektromotoren, und in einem gut eingerichteten Einfamilienhaus sind 150 Motoren keine Seltenheit. Der Elektromotor wurde Ende des 19. Jahrhunderts von Werner von Siemens erfunden. Damals konnten weder der Erfinder selbst noch andere die Vielfalt der Anwendungen für den Elektromotor voraussehen. Die Möglichkeit, mit Hilfe des elektrischen Stroms Arbeit zu leisten und damit den Menschen von körperlichen Mühen zu entlasten, hat viele Erfindungen und Entwicklungen nach sich gezogen, an die man vorher nicht zu denken wagte. Befürchtungen, daß die neuen Maschinen dem Menschen die Arbeit wegnehmen könnten, haben sich nicht bestätigt. Im Gegenteil, man hat für die neuen Apparate immer neue Einsatzmöglichkeiten gefunden, die wiederum neuen Bedarf und damit neue Arbeitsplätze für Menschen geschaffen haben.
Stehen wir nun heute beim »Denken« am Anfang einer ähnlichen Entwicklung? Man spricht davon, daß wir im Computerzeitalter leben. Bisher aber spielen die verhältnismäßig wenigen Großcomputer, die bei Firmen und Behörden vielfältige Arbeiten ausführen, im Leben des einzelnen eine nur schwer erkennbare Rolle. Gewiß, die persönlichen Daten eines jeden Bürgers sind heute schon in vielen Dateien gespeichert, und jeder ärgert sich über die schwer zu entziffernden, vom Computer geschriebenen Rechnungen. Aber wer, außer der kleinen Gilde der Computeroperatoren und Programmierer, hat schon selbst unmittelbar mit so einem Wunderding zu tun gehabt?

Wird dies in Zukunft alles anders werden? Die ungestüme Entwicklung elektronischer Bauelemente hat uns den »Mikroprozessor« und damit den »Mikrocomputer« beschert, durch den wir möglicherweise alle unmittelbar den Eintritt in das Computerzeitalter mitvollziehen können.
Vielleicht sollten wir uns heute schon einmal vorstellen, wie ein Haushalt in wenigen Jahren aussehen könnte, wenn der Mikroprozessor überall dort verwendet wird, wo dies heute schon technisch möglich ist. Ob allerdings alle technisch denkbaren Geräte auch verwirklicht werden, hängt von vielen wirtschaftlichen Gegebenheiten und Voraussetzungen ab, die noch nicht zu übersehen sind. Auf der anderen Seite werden aber sicherlich noch Verwendungsmöglichkeiten für Mikroprozessoren hinzukommen und Geräte und Einrichtungen gebaut werden, die heute selbst der kühnste Zukunftsprophet noch nicht vorherzusagen wagt.
Einen Mikroprozessor gibt es heute schon in jedem zweiten oder dritten Haushalt. Es ist der elektronische *Taschenrechner*, der so billig geworden ist, daß ihn sich eigentlich jeder leisten kann. Noch vor 4 bis 5 Jahren wurde dies kleine Kästchen mit den Drucktasten und Leuchtziffern wie ein Wunder bestaunt, wenn es gelegentlich als Prestigeobjekt auf den Schreibtischen in den höheren Etagen der Verwaltungen auftauchte. Heute werden brauchbare Geräte zu einem Preis angeboten, für den man sich nicht einmal ein Oberhemd kaufen kann.
Damit beginnt aber auch bereits die Problematik, die diese neue Technik uns beschert. In den Schulaufsichtsbehörden wird diskutiert, wann und unter welchen Voraussetzungen elektronische Taschenrechner von den Schülern verwendet werden dürfen. Es besteht gar kein Zweifel, daß die Geräte schneller und besser rechnen können als jeder noch so geübte Kopfrechner. Soll nun in Zukunft auf das Lernen des großen Einmaleins oder gar des kleinen Einmaleins verzichtet werden? Diese Frage zu beantworten ist nicht Aufgabe dieses Buches. Man kann wohl davon ausgehen, daß gewisse Kopfrechenkenntnisse auch dann noch nützlich sein werden, wenn jeder einen Taschenrechner bei sich trägt, wenngleich auch die jetzt schon sehr kleine Zahl derjenigen, die das große Einmaleins wirklich beherrschen, noch abnehmen wird.
Der Taschenrechner gestattet es uns, Dinge zu tun, die wir früher nicht tun konnten oder nicht getan haben, weil es uns zu umständlich war. Vielleicht ermutigt der Taschenrechner die eine oder andere Hausfrau dazu, wieder eine Haushaltsbuch-

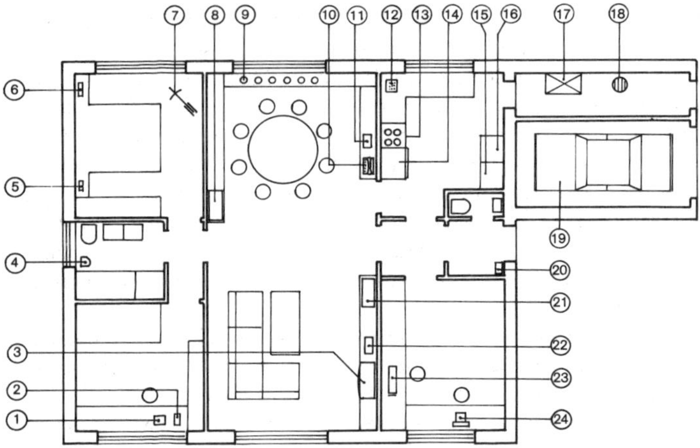

1 Lernspiel, 2 Taschenrechner, 3 Fernsehrecorder, 4 Personenwaage, 5 Kalenderuhr, 6 Gesundheits-Analysator, 7 Trimmgerät, 8 Vorwahlradio, 9 Blumenpflegegerät, 10 Tastentelefon, 11 Informationsanzeige, 12 Haushaltscomputer, 13 Küchenherd, 14 Kühlzentrum, 15 Spülmaschine, 16 Waschmaschine, 17 Heiz-Klimaanlage, 18 Bewässerungsregelung, 19 Auto-Bremsautomatik, 20 Sicherheitszentrum, 21 Musik-Lehrinstrument, 22 Fernsehspiel, 23 Nähmaschine, 24 Schreibrechner.

Abb. 1 Mikroelektronik im Haushalt.
Schon in wenigen Jahren werden Geräte mit Mikroprozessoren oder anderen Bausteinen der Mikroelektronik in jedem Haushalt zu finden sein. Sie werden uns von bloßen Denkroutinen befreien, ebenso wie uns die Elektromotoren körperliche Arbeit abgenommen haben.

führung einzuführen und damit einen besseren Überblick über das Haushaltsgeld zu schaffen. Währungsumrechnungen sind ein Kinderspiel geworden, und man sieht zuweilen schon Hausfrauen, die sich bei Einkäufen im Laden nicht mehr allein auf die Rechenkunst des Verkäufers verlassen. Das Denken selbst kann uns ein Taschenrechner aber nicht abnehmen. Jeder muß selbst entscheiden, wie er ihn sinnvoll anwenden will. Wenn dies geschehen ist, wird er sich als schneller und vielseitiger Helfer erweisen.

Sehen wir uns weiter in einem Haushalt um. In der Küche gibt es eine Waschmaschine und eine Geschirrspülmaschine. Beide haben eine Programmsteuerung. Die Hausfrau kann unter verschiedenen Programmen das von ihr gewünschte auswählen. Bei den im Gebrauch befindlichen Maschinen gibt es eine Reihe von Druckknöpfen oder Schaltern, mit denen das Programm eingestellt wird. Dann läuft, soweit es sich um sogenannte Vollautomaten handelt, alles selbsttätig ab. Jede Maschine hat ein eingebautes Steuergerät, das die Motoren, Heizelemente oder Ventile in der im Programm vorgegebenen Reihenfolge betätigt, das heißt, ein- und ausschaltet. Bei den heutigen Maschinen werden fast ausschließlich mechanische Steuerwerke verwendet. Wer einmal einen Blick in das Innere einer Wasch- oder Spülmaschine getan hat, wird dort ein großes, meist aus Kunststoff bestehendes Gerät entdeckt haben, das viele elektrische Anschlüsse und Kontakte und einen kleinen Uhrwerksmotor zum Antrieb besitzt.

Es bereitet nun technisch überhaupt keinerlei Schwierigkeiten, dieses verhältnismäßig umfangreiche, material- und arbeitsaufwendige Herzstück jeder Wasch- oder Spülmaschine durch einen nur 4 cm langen elektronischen Baustein, genannt Mikroprozessor, zu ersetzen. Dieser kleine Baustein kann dafür sorgen, daß die Heizung im richtigen Moment ein- und ausgeschaltet wird, die von der Hausfrau gewünschte Temperatur genau eingehalten wird, daß die verschiedenen Motoren in der richtigen Geschwindigkeit genau so lange laufen, wie es dem Programm entspricht, und daß die Ventile immer dann geöffnet bzw. geschlossen werden, wenn dies für die Arbeitsweise notwendig ist. Ein Mikroprozessor kann aber noch viel, viel mehr. Es gibt jetzt schon Waschmaschinen, bei denen der Wasserverbrauch der zu reinigenden Wäschemenge angepaßt werden kann. Diese Arbeit könnte der Mikroprozessor, wenn die Maschine entsprechend gebaut wird, selbsttätig ausführen. Er könnte auch der Hausfrau jeweils anzeigen, in welcher Waschphase sich die Maschine gerade befindet und welche Temperatur in der Trommel herrscht. Mit sehr geringem technischem Mehraufwand könnte die Waschmaschine auch so konstruiert werden, daß sie zu einer vorgewählten Zeit zu arbeiten beginnt.

Bei der neuen Generation der Wasch- und Spülmaschinen wird es um zwei Dinge gehen: Zunächst wird die Industrie untersuchen, ob die Verwendung der neuen elektronischen Bauteile statt der jetzt üblichen elektromechanischen Steuerung Vorteile bieten kann. Die Vorteile können einmal bei den Herstellungskosten, zum zweiten aber auch in größerer Zuverlässigkeit und in der Vereinfachung des Kundendienstes und der Reparaturen liegen. Wenn man sich dann zur Verwendung der neuen Technik entschließt, wird man prüfen, welche zusätzlichen Funktionen bezüglich besserer Arbeitsleistung oder einfacherer, bequemerer Bedienung mit Hilfe der neuen Technik möglich sind.

Doch gehen wir weiter. Jedes zeitgemäß ausgestattete Haus hat im Keller eine Heizungsanlage. Auch hier gibt es in den meisten Fällen schon eine elektrische Regelung, die die Wärmeerzeugung im Heizkessel der benötigten Wärmeabgabe anpaßt. Jeder, der ein derartiges System im Hause installiert hat, wird aber bestätigen, daß eine wirklich gut funktionierende Regelung, die allen Ansprüchen gerecht wird, nur sehr selten zu finden ist. Auch beim heutigen Stand der Technik würde es keine Schwierigkeiten bedeuten, eine ganz hochwertige Einrichtung zu bauen, die eine Heizung optimal regelt, aber diese dürfte sehr viel Geld kosten. Noch viel komplizierter wird die Angelegenheit, wenn nicht nur die Wärmeabgabe, sondern möglicherweise auch noch die Kühlung mit Hilfe einer Klimaanlage wirksam geregelt werden soll. Es besteht durchaus eine Chance, daß der Mikroprozessor hier Wandlung schaffen kann. Er kann so vielseitige Aufgaben übernehmen, daß er sicherlich auch mithelfen wird, ein angenehmes Raumklima zu erzeugen, und er wird dabei auch noch die gesamte Heiz- und Klimaanlage laufend überwachen und etwaige Störungen melden.

Mit Sicherheit dürfte die Verwendung der Mikroprozessor-Technik dann große Vorteile bieten, wenn die Heizsysteme der Zukunft eingesetzt werden, die nicht nur mit Öl und Gas, sondern mit Sonnenkollektoren und Wärmepumpen arbeiten. Bei einem derartig kombinierten System ist es wichtig, die einzelnen Wärmequellen so optimal wie möglich auszunutzen. Hierzu ist eine gewissermaßen »intelligente« Steuerung notwendig, die der Mikroprozessor uns bieten kann.

Ein Telefon gehört fast zu jedem Haushalt. Derzeit haben noch fast alle Telefone Wählscheiben. Aber das Telefon der Zukunft ist schon erfunden: Die Wählscheibe ist durch eine Tastatur mit Drucktasten ersetzt, die einfach und irrtumfrei zu bedienen ist. Während der Rücklauf der Wählscheibe, bei dem die elektrischen Wählimpulse in das Netz geschickt werden, unabhängig von der Bedienung gleich schnell erfolgt, kann das Tastendrükken schnell oder langsam erfolgen. Die Wählmechanismen in den Fernsprechämtern können aber nur eine ganz bestimmte Geschwindigkeit der Wählimpulse verarbeiten. Und somit ist es bei Tastentelefonen notwendig, die Information, die der Benutzer des Telefons durch Drücken der Tasten eingegeben hat, zunächst einmal zu speichern und dann in einer genau vorbestimmten Geschwindigkeit zum Amt zu übertragen. Auch hierfür werden Bauelemente der Mikroelektronik verwendet, die

enge Verwandtschaft mit dem Bauelement Mikroprozessor haben.
Diese neuen Tastentelefone können dann aber noch sehr viel mehr: Wenn der Anschluß des gewünschten Teilnehmers besetzt ist, wiederholen sie den Ruf, und wenn die gewünschte Verbindung hergestellt ist, dann verständigen sie den Anrufenden durch ein kurzes Läutezeichen, daß er jetzt sprechen kann. Ohne technische Schwierigkeiten läßt sich auch eine Einrichtung verwirklichen, mit der bestimmte, öfter gebrauchte Nummern in vereinfachter Form gewählt werden können. Während der Abwesenheit des Anschlußinhabers können ankommende Gespräche auf andere Anschlüsse umgeleitet werden. Viele weitere Möglichkeiten, die Telefonbenutzung noch einfacher und komfortabler zu gestalten, sind mit Hilfe der Mikroprozessor-Technik denkbar. Aber dafür muß ein Bedürfnis bestehen und die Verwirklichung wirtschaftlich sinnvoll erscheinen.
Vielleicht wird in einigen Jahren zu jedem Telefon auch noch ein kleines Zusatzgerät gehören, auf dem in leuchtenden Ziffern und Buchstaben oder auf einem kleinen Bildschirm schriftlich dargebotene Informationen abzulesen sind. Man könnte so zum Beispiel in Sekundenschnelle die Lottoergebnisse oder den Wetterbericht abrufen und die Information in aller Ruhe studieren, ohne nur auf das Hören angewiesen zu sein. Auch ein derartiges Gerät ließe sich heute schon ohne weiteres mit Hilfe der Mikroprozessor-Technik entwickeln. Allerdings bedürfte es wohl erheblicher organisatorischer Vorarbeit, bis der Einsatz möglich wäre.
Gehen wir nun zur Abwechslung einmal in das Badezimmer. Dort steht schon jetzt fast überall eine Personenwaage, mit der das Gewicht, meist mehr schlecht als recht, kontrolliert werden kann. Auch hier könnte der Mikroprozessor helfen. Die Waage des Jahres 1980 wird nicht nur das Gewicht in großen, gut sichtbaren Leuchtziffern anzeigen, sondern auf Knopfdruck auch Auskunft geben, wieviel man zu- oder abgenommen hat und um wieviel das Gewicht von dem Normal- oder Idealgewicht abweicht. Glücklicherweise bleibt aber auch dann noch die Entscheidung bei jedem einzelnen, ob er sich eine solche Waage kaufen wird oder mit einer weniger komfortablen Ausführung vorliebnimmt.
Auch eine Nähmaschine steht in fast jedem Haushalt. Moderne Nähmaschinen, mit denen Dutzende von verschiedenen Stichen ausgeführt werden können, sind wahre Wundergeräte der Mechanik. Die Herstellung ist aber teuer und die Bedienung

Abb. 2 Durch einen Mikroprozessor gesteuertes Trimmgerät. Durch Tastendruck wird das Gerät individuell dem Alter, dem Geschlecht und dem Gewicht entsprechend programmiert. Über den Ohrclip wird die Pulsfrequenz überwacht und daraus in Verbindung mit den eingegebenen Daten durch den Mikroprozessor ein Trainingsprogramm entwickelt, das dem Übenden eine für seine Gesundheit zuträgliche Leistung abverlangt. Das Gerät zeigt durch Lichtsignale an, wann die richtige Trittgeschwindigkeit erreicht ist, und mißt exakt die erreichte Leistung (Werkfoto: Keiper KG, 6760 Rockenhausen).

recht kompliziert. Es gibt nun bereits Nähmaschinen, bei denen nur noch die Teile, die für den eigentlichen Nähvorgang, das heißt für die Bewegung der Nadel und des Schiffchens, notwendig sind, mechanisch funktionieren, während die eigentliche Programmierung, das heißt die Bestimmung von Form und Länge der einzelnen Stiche, elektronisch erfolgt. Weitere ungeahnte Möglichkeiten, den Nähvorgang zu vereinfachen, würden sich ergeben, wenn es auch noch gelänge, die Einstellung der Maschine auf verschiedene Stoffarten, Stoffdicken und Fadenstärken selbsttätig zu regeln. Es erscheint nicht ausgeschlossen, daß auch hier die Mikroprozessor-Technik helfen kann.

Aber auch für die Gesundheit sorgt die Mikroprozessor-Technik. Neuartige Trimmgeräte können entsprechend dem Alter, dem Geschlecht und der Leistungsfähigkeit so vorprogrammiert werden, daß sie dem Benutzer eine angemessene Leistung abverlangen und diesen laufend darüber informieren, wieviel er von seinem Trimmprogramm schon erledigt hat. Dabei kann zum Beispiel auch noch der Pulsschlag überwacht und angezeigt werden.

Wenn wir uns jetzt nicht wohl fühlen, greifen wir als erstes zum Fieberthermometer, um festzustellen, ob vielleicht eine ernsthafte Krankheit vorliegt. Es wäre durchaus möglich, mit den jetzt zur Verfügung stehenden Mitteln der Mikroprozessor-Technik eine Art »Gesundheits-Analysator« zu bauen, der weit aussagefähiger sein könnte als ein einfaches Fieberthermometer. Dieses Gerät kann dem Arzt selbstverständlich nicht die Denkarbeit bei der Erstellung der Diagnose abnehmen, aber es könnte ihm bessere Möglichkeiten geben, die Krankheit zu erkennen.

Eine Gedächtnisstütze für jedes Haushaltsmitglied könnte eine programmierbare Kalenderuhr bedeuten. Es gibt jetzt schon Uhren mit Kalenderanzeige, die die wechselnde Anzahl der Tage im Monat selbsttätig berücksichtigen und die sogar im Schaltjahr Datum und Wochentag richtig anzeigen. Es ist technisch ohne weiteres möglich, diesem Gerät noch ein individuell programmierbares Gedächtnis anzugliedern, in dem das Geburtsdatum der Erbtante Frieda gespeichert wird. Es würde sich dann zwei Tage vorher melden, damit der Glückwunschbrief entsprechend frühzeitig zur Post gebracht werden kann. Um das erste Nachdenken, das heißt das Eingeben des Geburtstagsdatums, kommt man bei einem derartigen Gerät natürlich auch nicht herum. Ist dies aber einmal geschehen, so entlastet es uns von einer Routinearbeit unseres Gehirns.

Wirklich mitdenken müssen wir bei den Fernsehspielen der zweiten Generation, die durch den Mikroprozessor möglich werden. Es gibt zwar jetzt schon Fernsehspiele auf dem Markt. Hierbei handelt es sich aber meist um Bewegungsspiele, bei denen durch Betätigung von Knöpfen oder Schaltern ein leuchtender Punkt auf dem Bildschirm hin und her bewegt wird und so ein dem Tennis oder dem Faustball ähnliches Spiel entsteht. Auch diese Geräte sind mit Bausteinen der Mikroelektronik aufgebaut. In Zukunft dürften jedoch wesentlich anspruchs-

vollere Fernsehspiele entstehen, bei denen der Spieler wirklich gegen das Gerät spielen kann. Es braucht ja nicht gerade ein computergesteuertes Schachspiel zu sein, aber es sind eine ganze Reihe anderer interessanter Spiele denkbar, bei denen sich jeweils der Spieler und der Computer als Gegner gegenüberstehen.
Sicherlich wird der Mikroprozessor auch in das Kinderzimmer eindringen. Man kann hier zum Beispiel an Lernspiele denken, aber vielleicht werden auch die Spielzeugeisenbahnen in einigen Jahren schon mit einem Mikroprozessor gesteuert.
Auch Diebstahlsicherungen und Alarmanlagen lassen sich viel wirkungsvoller gestalten, wenn die Möglichkeiten der Mikroprozessor-Technik voll ausgenutzt werden. Vielleicht wird eines Tages ein Hauscomputer entwickelt, der bei Abwesenheit der Bewohner das Haus schützt, der die Pflege der Blumen durch dosierte Wasserzufuhr übernimmt, die Heizung gerade so reguliert, daß das Rohrnetz nicht einfrieren kann, dann aber auch dafür sorgt, daß das Haus bei der Rückkehr der Familie schön warm ist. Ein solches Gerät könnte sicherlich noch eine ganze Reihe anderer Aufgaben übernehmen, wenn dies nützlich und wirtschaftlich ist.
Kehren wir aber noch einmal zur Küche zurück. Hier bahnt sich bereits jetzt schon eine völlig neue Entwicklung für den Hauptarbeitsplatz der Hausfrau, den Küchenherd, an. Die ersten Muster eines elektronisch gesteuerten Kochzentrums werden schon in Kürze auf den Markt kommen. Bei diesem Gerät braucht die Hausfrau nicht mehr nachzudenken, wie lange und bei welcher Temperatur eine gewisse Speise gekocht oder gebraten werden soll, sondern sie gibt einfach mit Hilfe einer Tastatur die Kennziffer dieser Speise ein, und das Gerät regelt dann den gesamten Koch- und Bratvorgang vollautomatisch. Die Vorprogrammierung auf 100 und mehr verschiedener Speisen bedeutet technisch keinerlei Schwierigkeit. Der eingebaute Mikrocomputer könnte zudem noch viele andere Aufgaben mit erledigen.
Vergessen wir aber nicht die Garage, in der das Familienauto steht. Die Kraftfahrzeuge der achtziger Jahre werden sicherlich einen oder mehrere Mikroprozessoren enthalten, und die Elektronik wird es möglich machen, sicherer und einfacher zu fahren, als es jetzt der Fall ist. Zu denken ist zum Beispiel an ein Abstandswarngerät, eine elektronische Bremskraftregulierung und an das bereits in Entwicklung befindliche Verkehrsleitsystem. Bei allen genannten Geräten spielen Mikroprozessoren

Abb. 3 Ein Mikroprozessor steuert das Kochen, Braten und Backen. In einem elektronischen Speicher ist der optimale Temperaturgang und die Koch- oder Backzeit für viele Gerichte programmiert. Die Hausfrau muß durch Tastenbetätigung lediglich das gewünschte Menü und die gewünschte Essenszeit einstellen, wonach der Mikroprozessor die gesamte Steuerung des Koch- und Bratvorganges übernimmt und, wenn gewünscht, die noch erforderliche Restkochzeit anzeigt (Werkfoto: AEG-Telefunken).

eine Rolle. Die technische Verwirklichung ist möglich, wenngleich auch jetzt noch nicht abzusehen ist, wann die Zeit wirklich für die Einführung reif sein wird.
Auch im Garten könnte ein Mikroprozessor tätig sein. Im Zeitalter des Kunststoffs ist es leicht, jede bebaute Gartenfläche mit entsprechenden Leitungen für künstliche Bewässerung zu versehen. Ein Mikroprozessor-System kann dann die Steuerung der Wasserzufuhr übernehmen und immer so viel Feuchtigkeit zuteilen, wie es die augenblickliche Wetterlage erfordert.
Vielleicht wird man auch die so lästige Arbeit des Rasenmähens eines Tages automatisieren können. Ein selbstfahrender Rasenmäher könnte durch einen Mikroprozessor entsprechend den

Verhältnissen der Rasenfläche gesteuert werden. Der Mäher würde sogar um Busch- und Baumgruppen herumfahren und auch das Aufkehren der abgeschnittenen Grashalme und das Düngen mit übernehmen.

Für die Anwendung von Mikroprozessoren sind der Phantasie also fast keine Grenzen gesetzt. Sie sind keine Denkmaschinen, wie die Computer heute oft bezeichnet werden. Sie können dem Menschen das Nachdenken nicht abnehmen. Wenn der Mensch aber einmal richtig nachgedacht hat, können die Geräte ihm Routinearbeiten abnehmen.

Was ist ein Mikroprozessor?

Wir haben nun so viel über Mikroelektronik, Mikrocomputer, Mikroprozessor-Technik gehört, daß es an der Zeit ist, die Frage zu beantworten: »Was ist denn nun eigentlich ein Mikroprozessor?«
Ein in dieser Technik ausgebildeter Elektroniker wird, wenn Sie diese Frage stellen, ganz einfach antworten:
»Ein Mikroprozessor ist ein hochintegrierter Schaltkreis, der nach einem frei wählbaren, aber fest einzuprägenden Programm taktgesteuert arbeitet.«
Mit dieser Antwort ist ein Nicht-Elektroniker genauso schlau wie bisher. Wir wollen darum versuchen, die Bedeutung dieser Worte im einzelnen zu verstehen. Dabei muß man wissen, daß ein Mikroprozessor allein überhaupt noch nicht arbeitsfähig ist. Er braucht immer noch zusätzliche elektronische Bauelemente, so daß eigentlich richtiger von einem Mikroprozessorsystem zu sprechen wäre. In der Umgangssprache steht aber das Wort Mikroprozessor oft für das ganze System.
Bei der weiteren Erklärung stoßen wir dann bald auf eine grundsätzliche Schwierigkeit. Schon das Wort Mikroprozessor stammt nicht aus der deutschen Sprache. Sehr viele andere Ausdrücke, die in dieser Technik im Gebrauch sind, kann man nur als »Elektro-Amerinesisch« bezeichnen. Das ist natürlich ein Scherz, aber die Fachsprache der Mikroelektronik kommt nun einmal aus dem Amerikanischen. Da die Technik dort entwikkelt wurde, hat sich ein Fachchinesisch entwickelt, das auch für Leute schwer verständlich ist, die Umgangsenglisch gut beherrschen. Für einige Fachausdrücke gibt es inzwischen deutsche Übersetzungen. Nur wenige davon sind wirklich eindeutig, so daß man bei den meisten Ausdrücken wohl besser bei der englischen Sprache bleibt. Man sollte dann aber nicht an die wirkliche Übersetzung des englischen Ausdruckes denken, sondern diesen als Begriff sehen und dementsprechend verstehen. Ein Computer zum Beispiel ist nicht einfach ein Rechner und ein Mikroprozessor ganz bestimmt kein Kleinstverarbeiter.
Wir müssen also mit der Elektronik-Fachsprache leben. Im folgenden werden diese Ausdrücke benutzt, aber vorher immer

erklärt. Eine reine Übersetzung ist meist wenig sinnvoll; doch es gibt inzwischen auch in der deutschen Sprache einige klar definierte Begriffe, die dann entsprechend verwendet werden.

Vom Schalter zum Integrierten Schaltkreis: Die Mikroelektronik

Nach dieser Zwischenbemerkung kehren wir wieder zum eigentlichen Thema zurück und wollen verstehen lernen, was ein Mikroprozessor ist.
Ein Schalter dürfte allgemein bekannt sein. In seiner einfachen Form schaltet er den elektrischen Strom ein oder aus. Es gibt also zwei eindeutige Schaltpositionen. In der einen Schalterstellung fließt Strom, und in der anderen Schalterstellung fließt kein Strom.
Dieses einfache Bauteil ist letzten Endes auch das Grundelement jeder elektrischen Steuerung, und die ersten Computer hat man sogar mit Hilfe von Schaltern gebaut. Allerdings benutzte man dafür keine von Hand, sondern elektrisch durch Stromfluß betätigte Schalter, die im allgemeinen Relais genannt werden. Ein Relais besteht aus einer Spule, vor der ein beweglicher Anker befestigt ist. Wenn durch die Spule Strom fließt, entsteht eine magnetische Kraft, die den Anker anzieht. Hierbei werden dann zugleich ein oder mehrere elektrische Kontakte betätigt, die nun wiederum als Schalter für andere Stromkreise dienen können.
Die Zeit der Relaistechnik war die große Zeit der Elektromechanik. Es wurden die raffiniertesten Konstruktionen erfunden, um besondere Schaltaufgaben mit Hilfe der Magnetwirkung stromdurchflossener Spulen zu lösen. Die jetzige Telefonwähltechnik, mit der es möglich ist, zum Beispiel direkt von Hamburg aus einen Teilnehmer in New York anzuwählen, beruht auf der *Relaistechnik*, mit der also durchaus respektable Leistungen zu erzielen sind.
Die Relais haben den Nachteil, daß der Schaltvorgang mit einer gewissen Trägheit behaftet ist. Es dauert also immer eine gewisse Zeit, bis der gewünschte Strompfad durch das Schalten einer Reihe von Relais aufgebaut ist. Da sich Teile der Relais bewegen, ist auch mit einer mechanischen Abnutzung zu rechnen, die die Lebensdauer solcher Anlagen begrenzt.
Als man erkannte, daß ein Relaiscomputer für die praktische Arbeit zu langsam ist, suchte man nach einem schnelleren Schal-

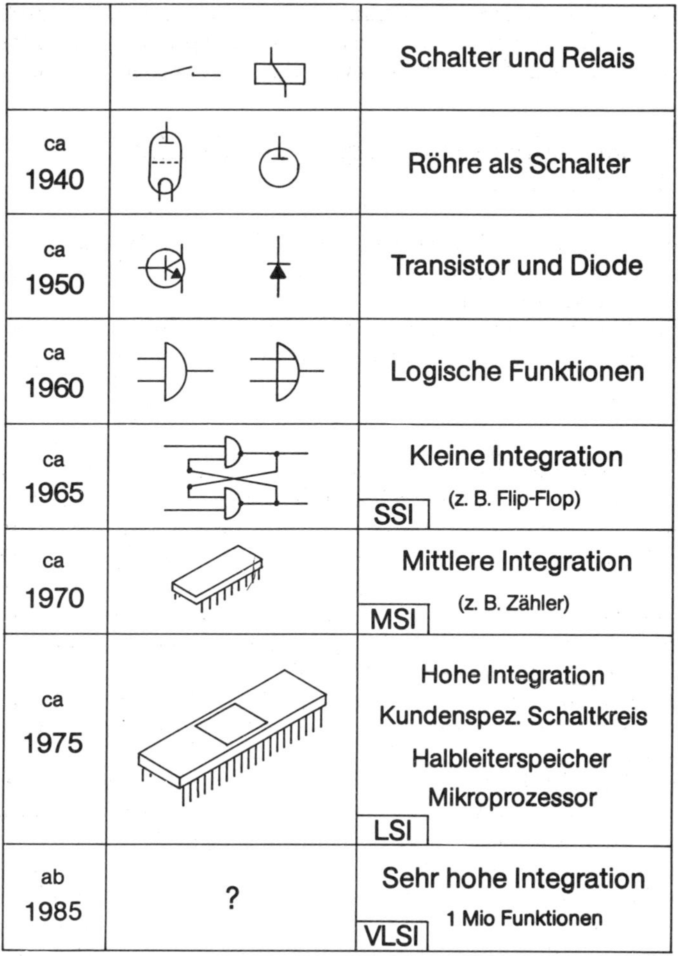

Abb. 4 Vom Schalter zum hochintegrierten Schaltkreis.
In den letzten 40 Jahren wurde der Aufbau elektrischer Steuerungen immer wieder durch die Entwicklung neuer Bauelemente grundlegend beeinflußt.

ter. Man fand ihn zunächst in der *Elektronenröhre*, die wir alle aus den Anfängen der Radiozeit kennen. Hier wird der Schaltvorgang durch Elektronen, die sich mit unvorstellbar hoher Geschwindigkeit fortbewegen, gesteuert. Es wird praktisch verzögerungsfrei geschaltet. Eigentlich war die Elektronenröhre als Verstärker

entwickelt worden. In dieser Eigenschaft wird sie auch in Rundfunk- und Fernsehgeräten verwendet. Wird sie nur als einfacher Schalter benutzt, so wird die Leistungsfähigkeit der doch recht teuren Röhren bei weitem nicht voll ausgeschöpft. Die ersten Computer, die mit Röhren arbeiteten, entstanden bezeichnenderweise während des Krieges in den Vereinigten Staaten, als Geld für Rüstungsausgaben keine Rolle spielte. Es entstanden damals wahre Ungetüme mit bis zu achtzehntausend Röhren, die wiederum ein riesiges Kühlgebläse erforderten, um die überschüssige Wärme abzuführen. Weil Röhren eine recht begrenzte Lebensdauer haben, mußten laufend defekte Bauteile ausgewechselt werden. Das führte dazu, daß diese Computer nur zeitweise für die wirkliche Arbeit, das heißt für die Durchführung von Rechenoperationen, zur Verfügung standen.
Dann wurde ein neues elektronisches Bauelement erfunden: Der *Transistor*. Auch ihn kennen wir zunächst von den Transistorradios, jenen kleinen Wunderkästen, mit denen man in den fünfziger Jahren, zunächst auch mehr schlecht als recht, Musikgeräusche empfangen konnte. Die Transistoren waren damals genauso teuer wie Röhren, und noch in den sechziger Jahren wurde mit der Zahl der Transistoren, die in einem Fernseh- oder Rundfunkempfänger eingebaut waren, Werbung getrieben. In erster Linie wurden die Transistoren zunächst ebenfalls als Verstärker benutzt. Das wurde jedoch schlagartig anders, als es durch neue Verfahren gelang, die Herstellung wesentlich zu verbilligen. Jetzt konnte man die Transistoren auch als elektronische Schalter verwenden. Damit begann eigentlich das Zeitalter der Computer. Zunächst mußte jeder einzelne Transistor in die Schaltung eingelötet werden. Das ist eine enorme Arbeit angesichts der einigen Tausend Transistoren, die auch bereits in die ersten Computer eingebaut waren. Die Rechner der ersten Generation waren auch nicht gerade klein. In großen Gestellen wurden sie in klimatisierten Räumen installiert, und meistens wurde daneben gleich ein Raum für den Servicetechniker eingerichtet.
Bald gelang es dann, die einzelnen Bauelemente zu verkleinern und mehrere davon zusammenzufassen. Computer, deren Elektronik in einigen Schränken Platz hatte, entstanden als zweite Generation. Aber auch hier gab es wieder einen technischen Durchbruch, der mit dem Stichwort *»Miniaturisierung«* bezeichnet wird. Es gelang, mehrere in der Funktion zusammengehörende Transistoreinheiten auf einem kleinen, künstlich gezüch-

teten Siliziumkristall anzuordnen. Das Ganze wurde in einem Plastikgehäuse mit entsprechenden Kontakten für die Verbindung mit anderen Bauelementen »integriert«, und damit war das auch heute noch am meisten verwendete elektronische Bauelement, der *»Integrierte Schaltkreis«* (eine auch im Deutschen gebräuchliche Übersetzung der englischen Bezeichnung »Integrated Circuit«) geschaffen. Im weiteren Verlauf wollen wir der Einfachheit halber von *»IC«* sprechen, der allgemein gebräuchlichen Abkürzung für diese Bauelemente.

Nicht zuletzt durch die Erfordernisse der Raumfahrt beeinflußt, entstand die Mikroelektronik. Dieser Begriff hat zunächst nichts mit dem Mikroprozessor zu tun. Er bedeutet lediglich die immer weiter getriebene Verkleinerung elektronischer Bauelemente. Waren es zunächst bis zu zehn elektronische Funktionen, die man in einem IC unterbringen konnte, so lernte man bald, bei der Herstellung noch genauer zu arbeiten. Damit hatte man die Möglichkeit, die einzelnen Elemente weiter zu verkleinern. Auf einer Kristallfläche von ca. 2 mal 2 mm wurden hundert Transistoren, zusammen mit allen Verbindungsleitungen und dazugehörenden anderen elektronischen Bauelementen, untergebracht. So wurde es zum Beispiel möglich, einen elektronischen Zähler, der in diskreter Bauweise, das heißt mit einzeln angeordneten Transistoren usw., etwa die Fläche einer DIN-A4-Seite beansprucht, in ein Gehäuse von nur ca. 8 mal 25 mm Größe unterzubringen. Dabei muß das Gehäuse eigentlich nur deshalb so groß ausfallen, weil man Anschlußleitungen für die Verbindung mit anderen Bauteilen benötigt. Die eigentliche elektronische Schaltung braucht nur wenige Quadratmillimeter Platz.

Aber die Miniaturisierung ging noch weiter: Heute ist es möglich, zehntausend elektronische Funktionen auf einer Fläche von 25 mm^2 unterzubringen und damit außerordentlich leistungsfähige elektronische Schaltkreise zu schaffen. Der Mikroprozessor, als Herzstück eines Mikrocomputers, ist solch ein *hochintegrierter Schaltkreis*, der auf kleinster Fläche viele Tausend elektronischer Schalterfunktionen enthält und als Massenerzeugnis verhältnismäßig billig hergestellt werden kann.

Von der Schaltung zur freien Programmierung: Der Computer

Als es der Elektronik-Industrie gelungen war, hochintegrierte Bausteine herzustellen, herrschte zunächst eitel Freude über diesen technischen Durchbruch. Die Erfolge bei der Erforschung des Weltraums wären überhaupt nicht möglich gewesen ohne die neuen elektronischen Bauelemente. Beim Raumflug bedeutet jedes Gramm Gewicht ein großes Problem, und erst als man auch kleine und leichte Computer bauen konnte, wurden die Raumfahrzeuge selbst mit Bordcomputern ausgerüstet, die wiederum Voraussetzung für exakte Steuerung im Raum und die Landung auf dem Mond waren.

Da Geld keine Rolle spielte, wurde die außerordentlich teuere Entwicklung eines derartigen hochintegrierten Bausteins zur Verwendung in vielleicht nur einem oder in wenigen Raumschiffen in Kauf genommen, wenn nur an Gewicht gespart werden konnte. Als dann die Zeit der großen Raumflüge zu Ende ging, stand die Elektronik-Industrie vor phantastischen, neu entwickelten Bauelementen, für die es keinen entsprechenden Absatzmarkt auf dem zivilen Sektor gab. Zwar ist die Herstellung der einzelnen *»Chips«* – so nennt man das kleine Kristallplättchen mit den vielen Transistoren –, wenn große Stückzahlen erzeugt werden können, sehr billig. Aber die Entwicklungs- und Vorbereitungsarbeiten für die Produktionen erfordern sehr große Summen.

Man hat zunächst versucht, diese hochintegrierten Schaltkreise speziell nach den Wünschen der Kunden (also der Industrie, die Elektronik in ihren Geräten verwendet) zu konstruieren und herzustellen. So entstanden die *»Kundenspezifischen Schaltkreise«*. Bei ihnen erfolgt die Anordnung und interne Verbindung der einzelnen elektronischen Schaltglieder auf dem Chip so, daß die vom Kunden genannte Aufgabenstellung möglichst optimal erfüllt wird. Man kann auf diese Weise zwar sehr komplizierte Aufgaben lösen und den einzelnen Baustein, wenn genügend große Stückzahlen fabriziert werden, auch entsprechend billig herstellen. Aber die Ausarbeitung des eigentlichen Schaltplans und die Herstellung der Hilfseinrichtung für die Fabrikation dauerte meist viele Monate und verursachte erhebliche Kosten. So ist es nicht verwunderlich, daß die große Begeisterung, die auch bei einem Teil der Industrie, die Elektronik anwendete, eine Zeitlang über die Möglichkeiten der neuen Mikroelektronik herrschte, bald einer gesunden Skepsis wich. Man mußte erkennen, daß diese kundenspezifischen Schaltkreise nur dann Vorteile bringen, wenn viele tausend Geräte genau gleicher Ausführung abzusetzen sind. Dabei blieb immer noch das Problem bestehen, daß auch die kleinste Änderung an der Schaltung (das ist bei einer Entwicklung nicht zu vermeiden)

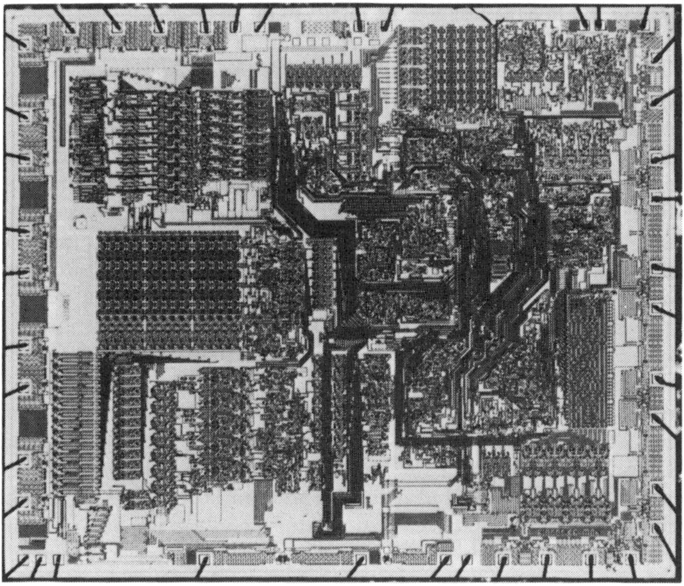

Abb. 5 Starke Vergrößerung der Kristallstruktur eines Mikroprozessors.
Das wirksame Element eines Mikroprozessors ist ein nur ca. 4 mal 5 Millimeter großes künstliches Kristallplättchen, das eine verwirrende Fülle kleinster elektronisch wirksamer Halbleiterelemente enthält, die durch ein Netz von Leiterbahnen miteinander verbunden sind. Die Herstellung erfolgt nach fotografischen Verfahren durch Aufdampfen dünner Metallschichten und durch Ätzvorgänge. Man kann gewisse Strukturen erkennen, die jeweils gewisse Aufgaben zu erfüllen haben (Werkbild: VALVO).

meist eine erhebliche Änderung im Aufbau des Mikrobausteins erfordert. Bei der Entwicklung mit Hilfe kundenspezifischer Schaltungen ist man also sehr wenig flexibel und kann darum mit Geräten, die diese Schaltkreise enthalten, nur sehr bedingt den Änderungswünschen des Marktes folgen.
Als man dies alles bei den Herstellern der elektronischen Bauelemente erkannte, entsann man sich der *Computertechnik*. In allereinfachster Form kann man sich einen Computer als einen großen schwarzen Kasten vorstellen, der an der einen Seite mit Daten und Informationen gefüttert wird und der an der anderen Seite die Ergebnisse in Form von Anzeigen, gedruckten Listen oder auf sonstige geeignete Weise liefert. Was er mit den eingespeisten Daten zu tun hat, wird ihm durch ein vorher ein-

gegebenes Programm gesagt. Bei einem großen Computer hat der Programmierer, also der Mann, der das Arbeitsprogramm des Computers in einer für diesen verständlichen Sprache aufschreibt, fast unbegrenzte Möglichkeiten, ihm seine Wünsche aufzuzwingen. Der Computer führt dann genau das aus, was man ihm mittels des Programms zu tun befohlen hat. Das Programm muß nur so gestaltet werden, daß an der Ausgabeseite die Ergebnisse so erscheinen, wie sie für uns Menschen verständlich sind. Was im Innern des Computers geschieht, ist an sich unwesentlich, wenn nur das richtige Ergebnis herauskommt. Selbst der Programmierer braucht nicht im einzelnen zu wissen, was in seinem Computer vor sich geht, wenn er nur die Sprache, die der Computer versteht, beherrscht und diesem eindeutige Anweisungen geben kann.

Mit Hilfe der Mikroelektronik gelang es, die Computer viel kleiner zu bauen oder bei gleicher Größe viel leistungsfähiger zu machen. Es gibt heute Minicomputer, die nicht viel größer sind als eine Reiseschreibmaschine und die so viel leisten wie ein Computer der ersten Generation, der einen ganzen Saal für sich benötigte.

Allen echten Computern gemeinsam ist es aber, daß sie durch den Anwender, das heißt durch ihren Benutzer, beliebig programmierbar sind und dann die Arbeit ausführen, die man ihnen durch das Programm vorgegeben hat. Sie sind also programmgesteuert, womit wir wieder einen Teil der Begriffsbestimmung unseres Mikroprozessors erklärt haben.

Vom Minicomputer zum Mikrocomputer

Die kleinsten, frei programmierbaren Computer, die nicht viel größer sind als eine Schreibmaschine, nennt man »Minicomputer«. Sie bestehen aus einer Vielzahl elektronischer Bauelemente, arbeiten wie große Computer und werden darum mit Recht als Miniaturausgabe ihrer großen Brüder bezeichnet.

Demgegenüber ist ein »Mikrocomputer« noch eine Nummer kleiner. Es ist ein Computer, der zur Funktion nur eine geringe Anzahl hochintegrierter Bauelemente benötigt, darunter in erster Linie einen Mikroprozessor als zentrale Steuereinheit. Bei den meisten Anwendungsfällen besteht keine freie Programmierfähigkeit. Das für den betreffenden Anwendungsfall bestimmte Programm wird nicht mehr zu Beginn der Tätigkeit in den Arbeitsspeicher des Computers geladen, sondern ist fest in einen im System eingebauten elektronischen Speicher eingeschrieben.

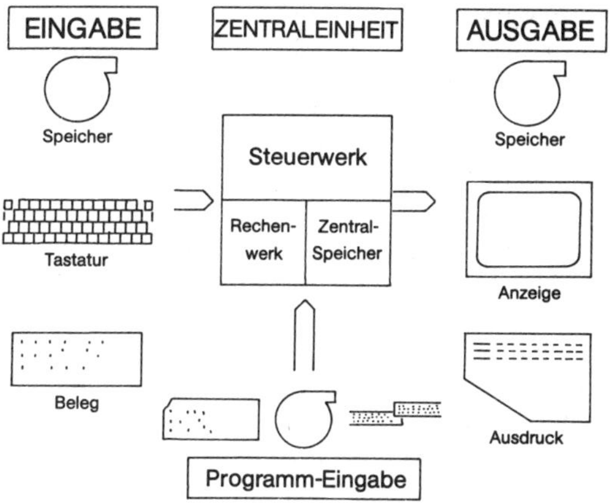

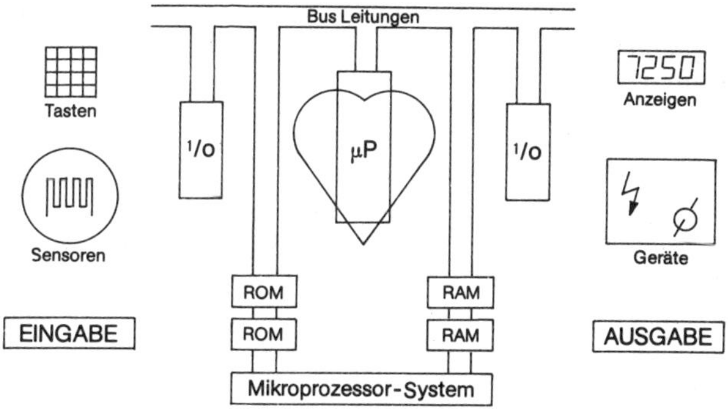

Abb. 6 Großcomputer – Mikrocomputer.
Ein großer Computer (oben) kann vom Benutzer beliebig für die verschiedensten Aufgaben programmiert werden. Das entsprechende Programm, auf Datenträger (Lochkarten, Bandspeicher, Lochstreifen o. ä.) gespeichert, wird vor der Benutzung in die Zentraleinheit eingegeben. Der Operateur hat dann nur noch die Geräte für Daten-Ein- und -Ausgabe zu bedienen.
Im Gegensatz dazu ist das Programm bei einem Mikroprozessor-System (unten) – auch Mikrocomputer genannt – für den Benutzer unzugänglich in einem elektronischen Speicher (ROM) enthalten. Im Rahmen dieses Programms können über Eingabe-/Ausgabe-Einheiten (engl. I/O UNITS) verschiedene Bauelemente und Geräte angeschlossen und bedient werden. Der Mikroprozessor ist das Herzstück dieses Systems. Er kann mit der Zentraleinheit eines großen Computers verglichen werden.

Während Mikrocomputer ursprünglich nur jeweils für vorbestimmte Aufgaben mit fester Programmierung vorgesehen waren, zeigt sich jetzt eine neue Entwicklung. Auch frei programmierbare Computer sind mit einem Mikroprozessor als Zentraleinheit zu bauen. Die ersten derartigen Computer wurden von Elektronik-Bastlern entwickelt und darum oft auch »Hobbycomputer« genannt. Als sich die Industrie dieses neuen Erzeugnisses annahm, dachte man zunächst nur an den Privatmann als Abnehmer und sprach von »Homecomputern«. Es stellte sich aber bald heraus, daß diese kleinen Wunderkästen wegen der enormen Leistungsfähigkeit der Mikroprozessoren sehr viel mehr können, als eine Familie im Haus benötigt.
Die Entwicklung in der Mikroprozessortechnik tendiert darum auch zum für alle Zwecke im Beruf und privat persönlich nutzbaren Mikrocomputer, im englischen *PERSONAL COMPUTER* genannt. Geräte dieser Art, für die sich in Deutschland der Begriff »Tischcomputer«* durchzusetzen scheint, erreichen schon die Leistungsfähigkeit der Minicomputer. Sie sind aber sehr viel kompakter gebaut und darum viel billiger.

Der Mikroprozessor als Herz des Mikrocomputers

Jeder große Computer besitzt eine *Zentraleinheit*, bestehend aus einem *Steuerwerk*, einem *Rechenwerk* und einem *elektronischen Speicher*. Man kann den eigentlichen Mikroprozessor-Baustein sehr gut mit der Zentraleinheit vergleichen, denn er hat in einem Mikroprozessor-System die gleiche Aufgabe wie die Zentraleinheit im Computer. Sie ist das Herzstück der ganzen Anlage, von der und über die alle Arbeit gesteuert wird. Die gleiche Aufgabe hat der Mikroprozessor, der in dem ihm aufgeprägten Zeittaktrhythmus einen Programmbefehl nach dem anderen ausführt. Er steuert dabei alle sonst noch vorhandenen Systembauteile und arbeitet selbst dabei wiederum nur nach dem ihm in einem elektronischen Speicher fest vorgegebenen Programm.
Fassen wir zusammen: *Ein Mikroprozessor ist ein hochintegrierter, elektronischer Schaltkreis, der als Zentraleinheit eines Computers mit festem Programm arbeitet.* Das nächste Kapitel erläutert, wie ein Mikroprozessor die ihm gestellten Aufgaben erfüllt und was alles zu einem Mikroprozessor-System gehört.

* Siehe auch ht 415 »Tischcomputer für Heim + Beruf« vom gleichen Verfasser.

Wie arbeitet ein Mikroprozessor?

Für einen Laien ist nicht ganz einfach zu verstehen, wie ein Mikroprozessor funktioniert. Wer glaubt, über Autos Bescheid zu wissen, ohne das Prinzip des Viertaktmotors zu kennen, kann dies Kapitel auch ruhig überschlagen. Wer aber entdekkungsfreudig ist und vielleicht sogar ein ganz klein wenig von der Elektrotechnik versteht, der sollte ruhig weiterlesen und sich auch von der Fachsprache nicht zu sehr beeindrucken lassen.

Unterschied: Festverdrahtung – Programmierte Steuerung

Auch heute noch werden im weiten Feld der Elektrotechnik viele Steuerungsaufgaben mit Hilfe der Relaistechnik mit fest verlegten Drahtleitungen ausgeführt.
Ein ganz einfaches Beispiel einer fest verdrahteten Relaissteuerung ist in Abb. 7 dargestellt. Es besteht die Aufgabe, durch Drucktastenbefehl einen Motor zum Anlauf zu bringen, der wieder anhalten soll, wenn sich ein Endschalter öffnet. Eine ähnliche Aufgabe besteht zum Beispiel beim Antriebsmotor eines Druckers oder auch bei einem automatisierten Garagentor. Die Aufgabe wird durch das Relais im Strompfad 1 gelöst. Ein Kontakt wird für die Selbstschaltung benutzt, ein zweiter für die Einschaltung des Motors. Bei Unterbrechung durch den Endschalter C wird die Relaisspule stromlos, die Kontakte öffnen sich und die Stromzufuhr zum Motor wird unterbrochen.
Im allgemeinen ist das Einschalten eines derartigen Motors aber noch mit Bedingungen verbunden. Handelt es sich um einen Druckermotor, so soll zum Beispiel der Anlauf nur dann erfolgen, wenn das Farbwerk eingeschaltet worden ist und Papier vorhanden ist. Es muß jetzt also in die Steuerung ein Strompfad 2 mit einem weiteren Relais eingebaut werden. In diesem Strompfad wird der Kontakt 1 vom Relais 1 betätigt, der Schalter A wird durch das Einschalten des Farbwerkes geschlossen, und der Schalter B wird durch das eingelegte

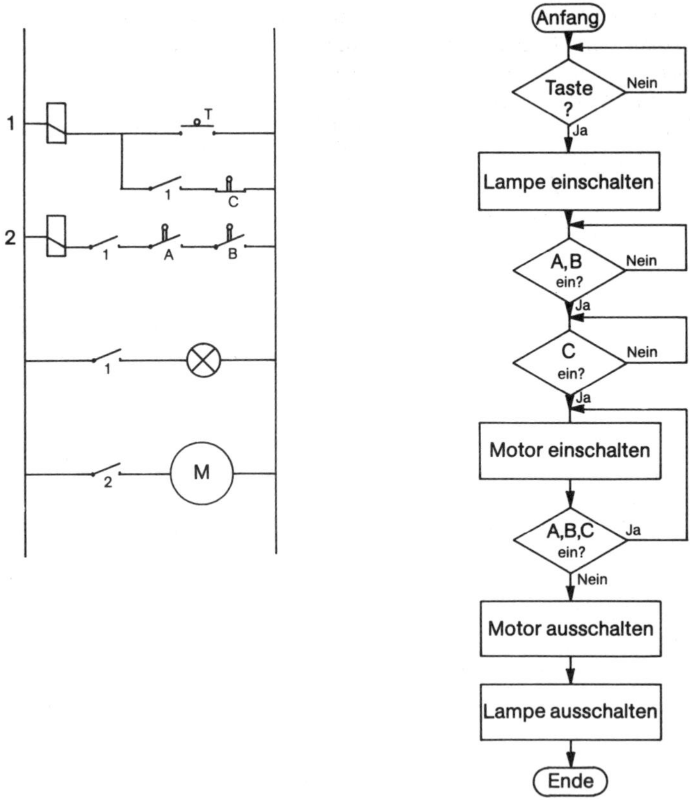

Abb. 7 Relaissteuerung – Mikroprozessor-Steuerung.
Im Schaltplan einer Relaissteuerung (links) kann man die parallelen Wege des Stroms über die Spulen der Relais und die Kontakte der einzelnen Strompfade noch genau verfolgen. Im Gegensatz dazu sind die Vorgänge in einem Mikroprozessor nicht mehr in gleicher Weise darstellbar. Man bedient sich zur Beschreibung der Arbeitsweise eines Mikroprozessor-Systems darum eines Flußdiagramms (rechts), das die Folge der Programmschritte, die ein Mikroprozessor nacheinander ausführt, verdeutlicht.

Papier betätigt. Das Relais 1 kann also nur seinen Anker anziehen, wenn alle drei in Reihe liegenden Schalter geschlossen sind. Dann erfolgt das Einschalten des Motors über einen Kontakt des Relais 2.

Auch bei dieser Steuerung macht es keine Schwierigkeit, noch durch eine Kontrollampe anzuzeigen, daß die Einschalttaste betätigt wurde. Es ist dazu allerdings ein weiterer Strompfad vorzusehen, in dem ein weiterer Kontakt des Relais 1 die Lampe unter Spannung setzt. Jede weitere Bedingung erfordert weitere Relais, dann werden bald die Relaiskontakte nicht mehr ausreichen, und man hat die Grenzen einer derartigen Steuerung erreicht.

Wichtig ist es, zu erkennen, daß der Stromfluß über mehrere Pfade gleichzeitig erfolgt, das heißt, daß *parallel* gearbeitet wird. Ergänzungen und Änderungen sind nur bedingt möglich und erfordern fast immer einen Eingriff in mehrere Strompfade und damit eine Neuverdrahtung.

Wie arbeitet nun eine Mikroprozessor-Steuerung, die die gleiche Aufgabe erfüllen soll? Es ist nicht möglich, auch hierfür ein *Schaltbild* zu zeichnen, denn die einzelnen elektronischen Schaltvorgänge sind zu komplex, um noch darstellbar zu sein. Man bedient sich darum eines anderen Hilfsmittels für die Darstellung, das in Abb. 7b gezeigt wird. Es handelt sich um ein *Flußdiagramm* oder um einen Algorithmus, in dem die Folge von Anweisungen an das elektronische Schaltsystem dargestellt ist. Die Betonung liegt hier auf dem Wort Folge, denn ein Mikrocomputer kann ebenso wie jeder andere Computer nur *sequentiell*, das heißt in einer vorher festgelegten Reihenfolge, im Programm festgelegte Tätigkeiten nacheinander ausführen oder entsprechende Entscheidungen nach vorgegebenen Kriterien treffen.

Diese beiden Möglichkeiten eines Computersystems kommen auch in den beiden wichtigsten Symbolen eines *Flußdiagramms* zum Ausdruck. In den rechteckigen Feldern stehen *Anweisungen*, etwas zu tun, und in den Rhombusfeldern Anweisungen, eine *Entscheidung* zu treffen. Dazu kommt noch das Feld für den Start des Programms und für das Ende. Jedes Feld entspricht also einem oder mehreren Programmbefehlen, die der Mikroprozessor ausführen soll.

Die programmierte Anweisung zur Lösung der Aufgabenstellung des Druckerbeispiels sieht wie folgt aus:

Nach dem Programmstart prüft der Computer zunächst, ob die Einschalttaste gedrückt wurde. Ist dies nicht der Fall, das heißt die Entscheidung ist »Nein«, so durchläuft das Programm immer wieder die gleiche *Warteschleife*, bis die Entscheidung »Ja« ist. Der nächste Programmschritt ist dann die Anweisung »Lampe einschalten«. Es folgt dann wieder eine Entscheidung, in der

gefragt wird, ist der Schalter A auf »Ein« oder nicht? Ist die Entscheidung »Nein«, geht das Programm wieder in eine Warteschleife, bis die Entscheidung »Ja« ist.
Die gleiche Abfrage, eine Entscheidung betreffend, läuft beim Schalter B und beim Schalter C ab. Erst wenn alle drei Bedingungen richtig erfüllt sind, erfolgt die weitere Anweisung »Motor einschalten«. Danach wird sofort wieder nach der Stellung der Schalter A, B und C gefragt; solange sie noch eingeschaltet sind, läuft das Programm wieder in einer Warteschleife. Und der Motor bleibt in Betrieb. Ist ein Schalter jedoch ausgeschaltet, das heißt die Frage »Ist A, B oder C ausgeschaltet« wird mit »Ja« beantwortet, dann erfolgt die nächste Anweisung »Motor ausschalten«. Mit der letzten Anweisung »Lampe ausschalten« ist dann das Programm beendet.
Bei dieser sequentiellen, durch das Programm gesteuerten Arbeitsweise ist es recht einfach, Änderungen oder Ergänzungen vorzunehmen. Soll zum Beispiel eine weitere Bedingung erfüllt werden, ehe der Motor anlaufen darf, so ist nur in das Programm ein weiteres Entscheidungsfeld einzufügen, und selbstverständlich eine Drahtverbindung zwischen dem betreffenden Schalter und einem Eingang des Mikroprozessor-Systems zu schaffen. Eingriffe in die sonstige Steuerung, die bei fester Verdrahtung fast immer notwendig sind, entfallen. Die Mikroprozessor-Technik erlaubt also mehr Flexibilität und ermöglicht zusätzliche Schaltfunktionen mit nur geringem Mehraufwand.

Die Zeittaktsteuerung

Dem Nichtelektroniker erscheint es wenig einleuchtend, eine größere Anzahl der vom Mikroprozessor gesteuerten Vorgänge sequentiell, das heißt einen nach dem anderen hintereinander, ablaufen zu lassen. Man kann sich kaum vorstellen, daß dies bei einer umfangreichen Schaltungsaufgabe schnell genug möglich ist. Zum Verständnis der Technik sollen darum einige Ausführungen zum Zeitablauf gemacht werden.
Der Mensch hat ein Gefühl dafür, wie lange ungefähr eine Sekunde dauert. Wer fotografiert, kann sich auch noch eine Tausendstelsekunde – in der Technik *Millisekunde* genannt – vorstellen. Die nächstkleinere Größenordnung, die *Mikrosekunde*, die einer Millionstelsekunde entspricht, oder gar die *Nanosekunde*, einer Milliardstelsekunde entsprechend, sind fast unvorstellbar kurz. Wenn man zum Beispiel annimmt, daß ein

Sekunde	m = Milli	μ = Micro	n = Nano
1	0,001	0,000 001	0,000 000 001
1 Sekunde	1/Tausendstel Sekunde	1/Millionstel Sekunde	1/Milliardstel Sekunde

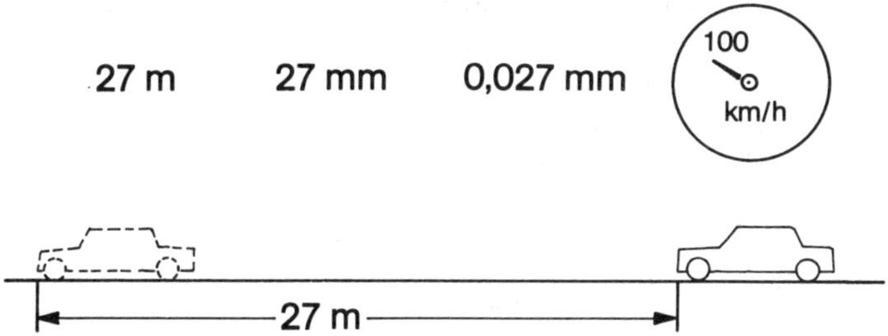

Abb. 8 Die Unterteilung der Sekunde.
Die kurzen Zeiten, in denen sich die Schaltvorgänge und Befehlsabläufe in einem Mikroprozessor abspielen, sind für die menschlichen Sinne nicht erfaßbar. Sie können nur an einem Beispiel erklärt werden: Ein Auto, das mit 100 km pro Stunde fährt, legt in der Sekunde ca. 27 Meter zurück. In einer Millisekunde fährt es noch 27 Millimeter und in der Mikrosekunde nur noch 0,0027 Millimeter, was einem Fünftel der Dicke eines Haares entspricht.

Auto mit einer Geschwindigkeit von 100 Kilometern pro Stunde fährt, so legt es in einer Sekunde ca. 27 Meter zurück. In einer Millisekunde wäre die durchfahrene Wegstrecke nur noch 27 Millimeter, und in einer Mikrosekunde würde sich das Auto nur noch so weit vorwärtsbewegen, wie es etwa einem Fünftel der Dicke eines Haares entspricht. Die zurückgelegte Wegstrecke im Nanosekundenbereich, in dem moderne Computer arbeiten, ist auch bei diesem Beispiel nicht mehr erklärbar (Abb. 8).

Um die Funktion eines Mikroprozessors zu verstehen, müssen wir uns völlig von dem freimachen, was wir bisher in der Elektrotechnik gelernt haben. Bei ihm gibt es keinen dauernden Stromfluß wie zum Beispiel bei einer Glühbirne, wenn der Schalter eingeschaltet ist. Im Mikroprozessor werden die einzelnen Stromwege immer nur für eine ganz kurze Zeit geschaltet, wobei die Zeit, in der wirklich jeweils Strom fließt, durch den zu jedem Mikroprozessor-System gehörigen *Taktgeber*

bestimmt wird. Dieser sendet zum Beispiel alle 2 Mikrosekunden, das ist 500 000mal in der Sekunde, einen Taktimpuls an den Mikroprozessor. In diesem wird dann während jeder Taktperiode – durch das Programm gesteuert – eine ganz bestimmte Schalterkombination aufgebaut, die eine gewünschte Tätigkeit des Systems auslöst.
Ein Mikroprozessor kann aber immer nur *eine* Arbeit während einer Taktperiode ausführen. Da aber die einzelnen Takte sehr schnell aufeinanderfolgen, bringt dies schrittweise Arbeiten bei den meisten Aufgabenstellungen keine Probleme.

μ P Generation	1 Programmschritt	1000 Programmschritte	Programmlauf pro Sekunde
1	10 ... 40 μs	~ 20 ms	50 ×
2	2 ... 10 μs	~ 5 ms	200 ×

Wie in der Tabelle dargestellt ist, braucht ein etwas älterer Mikrocomputer der ersten Generation für die Ausführung eines Programmbefehlsschritts zwischen 10 und 40 Mikrosekunden. Selbst ein Programm von 1000 Schritten würde also im Durchschnitt nur 20 Millisekunden dauern und in einer Sekunde bereits 50mal durchlaufen. Modernere Mikrocomputer arbeiten fünf- bis zehnmal so schnell.
Da der Mensch mit seinen Sinneswahrnehmungen und Bewegungen sehr viel langsamer ist – das Auge kann nicht mehr als 5–10 verschiedene Eindrücke pro Sekunde unterscheiden, und auch ein schneller Tastendruck dauert ca. 0,05 Sekunden – spielt die Programmausführungszeit in den meisten Anwendungsgebieten für Mikroprozessoren keine Rolle.
Nehmen wir an, das Abfragen einer Tastatur benötige bei einem bestimmten Mikroprozessor-Modell 10 Programmschritte und dauere 100 Mikrosekunden. Selbst wenn die Tastatur alle 0,2 Sekunden, das heißt in Abständen von 200 Millisekunden (das sind 200 000 Mikrosekunden), betätigt wird, kann der Mikroprozessor zwischen dem Tastaturabfragen noch jeweils 200 000 – 100 = 19 900 Mikrosekunden lang etwas anderes machen, also ca. 20 000 andere Befehle ausführen.

Die Bausteine eines Mikroprozessor-Systems

Um die Arbeitsweise eines Mikroprozessor-Systems, also eines Mikrocomputers, zu verstehen, muß man die dazugehörenden

Bauelemente und ihre Funktion kennen. Wir müssen uns auch einige Fachausdrücke merken, auf die man immer wieder stößt. Abbildung 9 zeigt die Hauptteile eines Mikrocomputers, die für das Verständnis der Funktion wichtig sind. In der Praxis sieht die Sache etwas anders aus, denn es gibt Mikrocomputer-Systeme, die 15 und mehr einzelne Bauelemente benötigen, während bei der neuesten Entwicklung zu *Ein- und Zweichip-Computern* sogar alle Systembauteile in einem oder in zwei Gehäusen untergebracht sind. Gedanklich muß man aber auch bei diesen Neuentwicklungen die einzelnen Funktionsteile auseinanderhalten.

Zu einem arbeitsfähigen System, worunter man alle für den Verwendungszweck notwendigen Bauteile (richtig miteinander verbunden) versteht, gehört immer ein *Taktgeber*, englisch *»Clock«* genannt, der die Zeittakte für den richtigen Ablauf liefert. Es kommen hierfür meist aus der Fernsehtechnik bekannte quarzgesteuerte Taktgeneratoren zur Anwendung, die im Megaherz-Bereich (1–2 Millionen Schwingungen pro Sekunde) arbeiten.

Der eigentliche *Mikroprozessor*-Baustein, auf englisch CPU = CENTRAL PROCESSING UNIT genannt, ist das Herzstück jedes Mikrocomputers. An ihn ist der Taktgeber angeschlossen, und in seinen meist über 10 000 Transistoren werden alle elektronischen Schaltvorgänge, die für den Betrieb des Systems notwendig sind, durchgeführt. Über diese Zentraleinheit fließen auch alle gespeicherten oder zu speichernden Informationen ebenso wie alle Ein- und Ausgabe-Impulse.

Zur Verbindung mit den anderen Hauptelementen dienen *Datensammelleitungen*, auf englisch BUS genannt. Sie bestehen jeweils aus einer gewissen Anzahl parallel geführter Leitungen, die gemeinsam beschaltet werden. Die meisten Mikroprozessoren besitzen getrennte Adressen- und Daten-Befehls-Sammelleitungen. Hinzu kommen noch *Steuerleitungen*, die je nach Fabrikat in verschiedener Anzahl vorhanden sind. Das Kennzeichnende einer Schaltung mit Sammelleitungen ist, daß alle angeschlossenen Bauelemente in Parallelschaltung verbunden sind. Es wird später noch erklärt werden, wie trotzdem der Anruf eines ganz bestimmten einzelnen Bauelements möglich ist.

Als weitere Bauelemente benötigt jeder Mikrocomputer elektronische *Speicher*, die als *ROM = READ ONLY MEMORY* bzw. als *RAM = RANDOM ACCESS MEMORY* bezeichnet werden. Obwohl die beiden Speichertypen grundsätzlich unter-

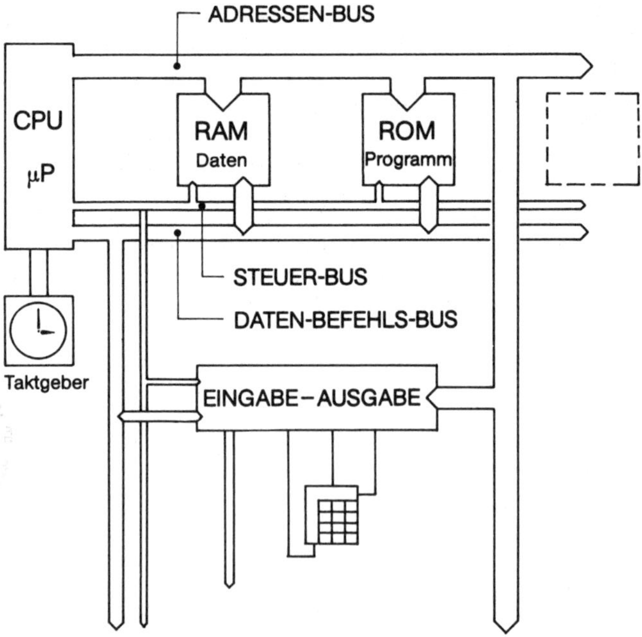

Abb. 9 Bauelemente eines Mikroprozessor-Systems.
Ein funktionsfähiges Mikroprozessor-System, also ein Mikrocomputer, benötigt außer dem eigentlichen Mikroprozessor-Baustein, der oft auch mit der englischen Abkürzung CPU (CENTRAL PROCESSING UNIT) bezeichnet wird, immer noch zusätzliche Bauelemente.
Der Taktgeber, englisch CLOCK, steuert das ganze System in einer Folge von über 1 Million Takten pro Sekunde.
Im Schreib-/Lesespeicher, englisch RAM (RANDOM ACCESS MEMORY), können Daten gespeichert und beliebig abgerufen werden.
Der Festwertspeicher, englisch ROM (READ ONLY MEMORY), dient in erster Linie zum Speichern der Programmbefehle.
An Eingabe-/Ausgabe-Einheiten, englisch I/O UNITS, werden periphere Geräte, über die der Mensch mit dem Mikroprozessor verkehren kann, angeschlossen.
Alle Bauelemente sind durch Datensammelleitungen, englisch BUS, miteinander verbunden.
Während in der Frühzeit der Mikroprozessor-Technik die verschiedenen Elemente auch in verschiedenen Gehäusen untergebracht waren, gibt es heute schon vollständige Mikrocomputer in nur einem Gehäuse. Sie werden englisch ONE CHIP COMPUTERS genannt.

schiedlich arbeiten, hat man leider leicht verwechselbare Abkürzungen gewählt, was nicht gerade zur Klarheit der Begriffe beiträgt.
Ein ROM, auf deutsch ein *Nurlesespeicher*, ist ein Speicherbaustein, dessen einmal eingebrachter Speicherinhalt dauernd (auch bei Stromabschaltung) bestehen bleibt, das heißt nicht mehr verändert werden kann. Man kann diesen Speicher also jederzeit auslesen, aber während des Betriebs des Systems keine Werte hineinschreiben. Er wird darum in erster Linie für die Speicherung des Programms benutzt, da dieses bei einem Mikrocomputer, wenn es einmal festgelegt ist, nicht mehr verändert werden kann. Die eigentliche Einschreibung des Programms erfolgt darum bei einem ROM auch bereits beim Hersteller des Halbleiterbausteins durch entsprechende Masken im Herstellungsprozeß, wobei der Anwender selbstverständlich seine Programmwünsche verwirklichen kann.
Da es meist nicht möglich ist, schon im ersten Anlauf ein fehlerfreies Programm zu erstellen, gibt es für die Entwicklungsphase besondere ROM-Bausteine, die der Anwender mit Hilfe eines entsprechenden Programmiergerätes selbst programmieren kann. Sie werden *PROM = PROGRAMABLE READ ONLY MEMORY* genannt. Diese PROM sind auch für Kleinserien oder Einzellösungen sehr nützlich, wenn die Herstellung maskenprogrammierter ROM sich nicht lohnt. PROM-Bausteine sind allerdings teurer als ROM.
Noch teurer sind Nurlesespeicher, die *EPROM = ERASABLE PROGRAMABLE READ ONLY MEMORY* genannt werden. Bei diesen kann ein einmal eingeschriebenes Programm meist durch Bestrahlen mit ultraviolettem Licht wieder gelöscht werden, so daß der Baustein dann wieder neu in geänderter Form programmiert werden kann.
Völlig anders aufgebaut sind die *RAM = RANDOM ACCESS MEMORY*, auf deutsch jetzt meist *Schreib-Lese-Speicher*, genannt. Sie erlauben während des Betriebes sowohl das Einschreiben als auch das Auslesen von Daten, wobei jede Speicherzelle durch entsprechende Anwahl beliebig zugänglich ist, was übrigens auch für die ROM gilt. Der Speicherinhalt geht allerdings verloren, wenn die Versorgungsspannung abgeschaltet wird. Sie gehören also zu den flüchtigen Speichern und können nur für Operationen während des Betriebes des Mikrocomputers Verwendung finden. Gegebenenfalls ist es auch möglich, den Speicherinhalt durch Verwendung einer Pufferbatterie, die bei einem Stromausfall die Versorgung übernimmt, zu sichern.

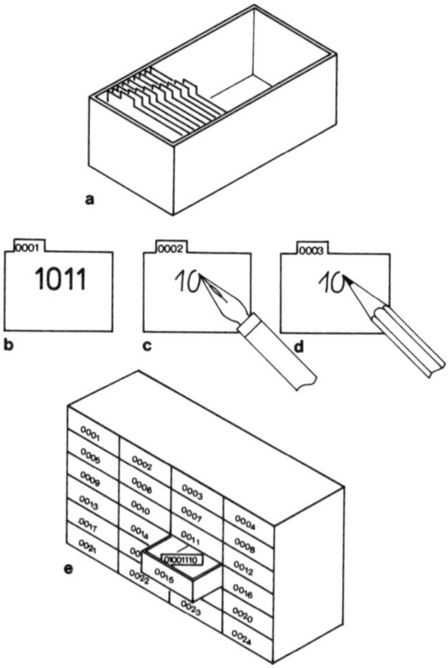

Abb. 10 Die Funktion der Speicherelemente in einem Mikrocomputer.
Für die Bezeichnung der Speicher werden auch im Deutschen meist die leicht verwechselbaren englischen Abkürzungen verwendet. Man kann ihre Bedeutung am leichtesten mit einem Beispiel erklären.
Ein Festwertspeicher ROM entspricht einer Kartei, in der die einzelnen Karten der Reihe nach geordnet und beziffert sind (a). Auf Grund der Ordnungsziffer, in der Computersprache Adresse genannt, kann man jede beliebige Karteikarte finden und den Inhalt lesen.
Die Karteikarten können bedruckt sein, dies entspricht dem normalen ROM (b), bei dem der Speicherinhalt auch nur im Werk des Herstellers eingegeben werden kann. Die Karte kann aber auch bei der Anlage der Kartei, also beim Programmieren, beschrieben werden, und zwar unauslöschlich mit Tinte (c) entsprechend dem PROM oder mit Bleistift (d), so daß Ausradieren möglich ist, was einem EPROM entspricht.
Demgegenüber kann man sich einen Schreib-/Lesespeicher RAM als Schrank mit vielen Schubladen vorstellen (e). Jede Schublade trägt außen die Adreßnummer, und man kann beliebig Zettel mit Informationen, also mit Daten, in die Schubladen einlegen oder wieder herausholen, genau wie es elektronisch bei einem RAM möglich ist.

Der Hauptunterschied der beiden verschieden aufgebauten Speicherelemente besteht darin, daß bei der Gruppe der ROM-Bausteine der Speicherinhalt vom Benutzer des mit einem Mikrocomputer ausgerüsteten Geräts nicht geändert werden kann, während in RAM-Bausteine beim Betrieb durch den Benutzer beliebig Daten abgespeichert und wieder ausgelesen werden können.
Die ROM nehmen also das Programm auf, das für einen Anwendungszweck eines Mikroprozessors immer gleich ist, während in die RAM beliebige Daten abgespeichert werden können. Die lautliche Übereinstimmung des »o« in ROM und Programm und des »a« in RAM und Daten erlaubt es, sich diese leicht zu verwechselnden Begriffe etwas besser zu merken.
Eine weitere Gruppe von Bausteinen, die jedes Mikrocomputer-System enthält, sind die *Ein-/Ausgabe-Einheiten*, englisch *I/O - INPUT / OUTPUT UNITS*, die für den Verkehr des Prozessors mit der Umgebung, also zum Beispiel mit den Geräten, die auch von den menschlichen Sinnen bedient oder wahrgenommen werden können, zuständig sind. An diese Bausteine kann unter anderem eine Tastatur, eine Leuchtanzeige oder auch ein Drucker angeschlossen werden. Sie können aber auch zur Eingabe von Schaltzuständen, zum Beispiel über induktive Nährungsschalter oder andere geeignete Sensoren, dienen.
Zu erwähnen ist noch, daß zu einer kompletten Mikroprozessor-Steuerung immer noch eine ganze Reihe weiterer Bauelemente gehören, denn meist müssen noch zusätzliche Steuersignale verarbeitet werden. Die im Mikroprozessor fließenden Ströme sind so klein, daß sie nicht ausreichen, Schalter oder Relais zu betätigen, und so sind fast immer Bauelemente, die eine Stromverstärkung ermöglichen, notwendig. Alle Bauelemente eines Computersystems zusammen bezeichnet man als *HARDWARE*.

Die Funktion des BUS-Systems im Mikrocomputer

Die einzelnen Bauelemente eines Mikrocomputers sind alle parallel an die BUS-Leitungen angeschlossen. Für den Nichtelektroniker erscheint es zunächst nicht sofort begreiflich, daß von allen parallel an ein BUS-System angeschlossenen Bausteinen nur jeweils einer und in diesem auch nur eine ganz bestimmte Speicherzelle angesprochen werden kann. Um dies zu verstehen, muß man wissen, daß jede der einzelnen Leitungen während einer bestimmten Taktperiode entweder Strom führt oder keinen Strom führt bzw. anders ausgedrückt ein hohes Spannungsniveau oder ein niedriges Spannungsniveau hat. Es gibt also immer auf jeder Leitung zwei genau definierte Zustände, die auch mit »1« und »0« bezeichnet werden.

Eine Leitung kann somit maximal 2 verschiedene Informationen während einer Taktperiode übertragen. Man nennt diese kleinste Informationsmenge *1 bit* (von englisch BINARY DIGIT). Zwei Leitungen können also 2 bit, das sind $2^2 = 4$ verschiedene Informationen übertragen, und bei 8 Leitungen sind es schon $2^8 = 256$ verschiedene Kombinationen aus »1« und »0« – also 256 verschiedene *Bitmuster* – wie man das nennt.

Das auf einem BUS anstehende Bitmuster kann nun ganz verschiedene Bedeutungen haben. Bildlich kann man sich einen Speicher als einen Schrank mit sehr vielen Schubladen vorstellen, die fortlaufend numeriert sind. Jede Schublade kann einen Zettel mit der zu speichernden Information aufnehmen, und wenn man eine ganz bestimmte Information wieder entnehmen will, muß man die Nummer der betreffenden Schublade kennen. In der Computertechnik nennt man die Nummer des Speicherplatzes *Adresse* und kennzeichnet damit ganz eindeutig nur einen ganz bestimmten Speicherplatz. Ein Bitmuster kann also eine Adresse bedeuten, es kann aber auch den Inhalt eines Speicherplatzes darstellen, je nachdem auf welchem BUS es erscheint.

Abb. 11 zeigt als Ausschnitt eines Mikrocomputer-Systems einen Speicherbaustein mit den verbindenden BUS-Leitungen zur Zentraleinheit. Oben läuft der *Adressen-BUS* (zur Vereinfachung der Darstellung hier nur mit 8 parallelen Leitungen gezeichnet) und unten der *Daten-/Befehls-BUS*, der im Beispiel 4 Leitungen hat.

Die Zahl der Leitungen des Daten-/Befehls-BUS kennzeichnet die Arbeitsweise des Mikroprozessors im Mikrocomputer-System, denn der Informationsinhalt dieses BUS wird immer parallel ein- und ausgegeben und auch parallel verarbeitet. Im inneren Aufbau unterscheidet man darum auch 4-bit-, 8-bit-, 12-bit- und 16-bit-Mikroprozessoren, die dann jeweils in der Lage sind, die der bit-Anzahl entsprechende Information parallel zu verarbeiten. Am gebräuchlichsten ist heute eine 8-bit-Struktur. 4-bit-Prozessoren können für einfache Aufgaben genügen, und 16-bit-Ausführungen kommen eigentlich nur für sehr komplexe Aufgabenstellungen in Betracht.

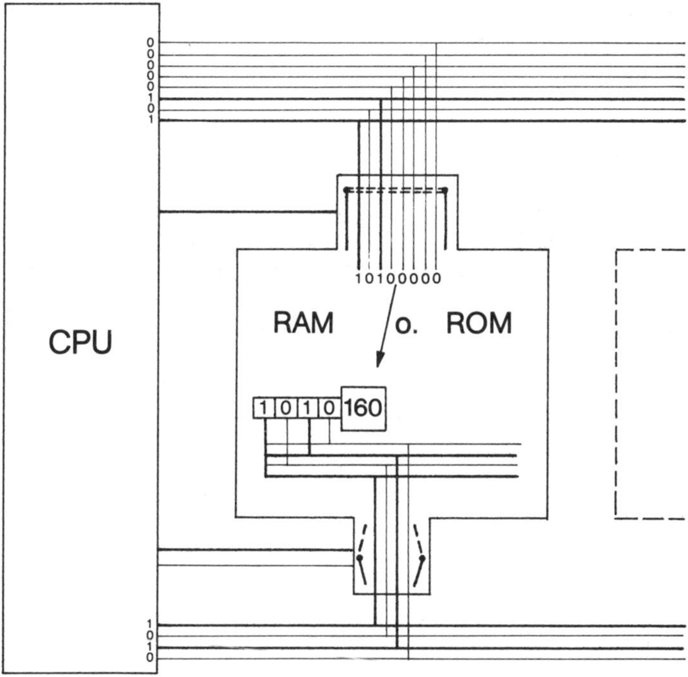

Abb. 11 Die Funktion der BUS-Leitungen in einem Mikrocomputer. Während einer bestimmten Taktperiode steht am Adressenausgang des Mikroprozessors, also der Zentraleinheit des Mikrocomputers, ein ganz bestimmtes Bitmuster in Form von hohen und niedrigen Spannungspegeln an. Jede an den Adressen-BUS angeschlossene Einheit hat eine eigene Dekodierschaltung, die dafür sorgt, daß nur eine einzige Speicherzelle, deren Adresse dem Bitmuster des Adressen-BUS entspricht, leitend mit dem zweiten BUS verbunden wird. Je nach dem Zustand der Steuerleitung, die man bildlich mit einem Tor vergleichen kann, wird dann von der Zentraleinheit ein Wert in die Speicher eingeschrieben oder ausgelesen. Eine weitere Steuerleitung am Adresseneingang kann ein weiteres Tor öffnen oder schließen, so daß immer nur eine ganz bestimmte Speichereinheit angesprochen wird.

Die Zahl der Leitungen im Adressen-BUS bestimmt die Anzahl der Speicherplätze, die direkt vom Mikroprozessor angesprochen werden können. 15 oder 16 parallele Leitungen sind üblich, womit über 32 000 bzw. bei 16 Leitungen über 64 000 verschiedene bit-Kombinationen darstellbar sind.

Das an der Zentraleinheit am Adressenausgang zu einem bestimmten Zeitpunkt anstehende *Bitmuster*, bei dem also einige Leitungen den Zustand »1« und andere den Zustand »0« aufweisen, kennzeichnet jeweils eine ganz bestimmte Adresse einer Speicherstelle. Mit ihr werden alle Leitungen des Daten-/Befehls-BUS über ein elektronisches Schaltersystem verbunden. Alle anderen Speicherstellen, die also nicht der am CPU-Ausgang anstehenden Adresse entsprechen, werden dabei nicht angesprochen und bleiben wirkungslos.
Je nach der Struktur des verwendeten Systems muß der Speicher so organisiert sein, daß beim 4-bit-Mikroprozessor auch 4-bit-Informationen parallel ausgegeben werden können und beim 8-bit-Prozessor 8 bit.
Wichtig ist aber auch noch die Funktion der Steuerleitungen, die bei den verschiedenen Fabrikaten in unterschiedlicher Anzahl vorhanden sind. Diese Leitungen steuern *elektronische Tore*, die man sich bildlich auch wirklich als Tore vorstellen kann. So besitzt zum Beispiel jeder RAM- oder ROM-Speicherbaustein am Adresseneingang ein Tor, das über die Steuerleitung von der Zentraleinheit geöffnet oder geschlossen werden kann. Man kann so zum Beispiel immer jeweils alle ROM-Tore öffnen und alle RAM-Tore schließen. In diesem Fall werden durch den Adressen-Anruf nur die betreffenden ROM-Adressen angesprochen. Das gleiche Bitmuster einer Adresse kann also je nach der Schaltung der Eingangstore sowohl für eine ROM- als auch für eine RAM-Adresse verwendet werden.
Ähnliche Tore befinden sich auch vor der Verbindung der Speicher mit dem Daten-/Befehls-BUS. Soweit es sich um RAM-Bausteine, das heißt um Schreib-/Lesespeicher handelt, muß klar sein, ob der Speicher einen Wert aus der Zentraleinheit übernehmen und speichern soll, wobei der alte Speicherinhalt verlorengehen soll, oder ob er den Speicherinhalt an die Zentraleinheit ausgeben soll. Auch hierfür gibt es besondere Steuerleitungen, die von der Zentraleinheit aus aktiviert werden und die Tore für Ein- oder Ausgang schalten.
Die Stellung der Tore kann durch Befehle oder durch den Zeittakt, den Herzschlag eines jeden Mikroprozessors, gesteuert werden. Bild 12 gibt ein Beispiel für ein derartiges Taktsystem. Jeder Haupttakt, der für den Befehlsablauf zuständig ist, hat hier die Dauer von 5 Mikrosekunden. Er ist unterteilt in die Phasen 1 bis 4 mit je 1,25 Mikrosekunden Dauer. Während der Phase 1 geschieht auf den BUS-Linien gar nichts. Während der Adressen-BUS nur in einer Richtung von der Zentraleinheit zum

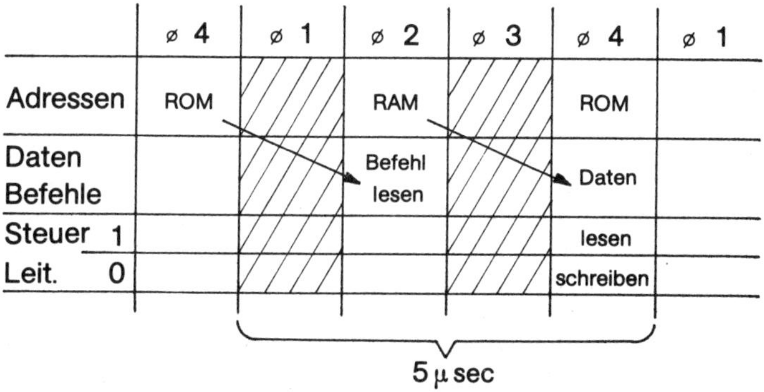

Abb. 12 Beispiel für die Zeittakte in einem Mikrocomputer. Für die Ausführung eines Befehls werden meist mehrere Zeittakte benötigt. Im Beispiel dienen die Takte 1 und 3 immer nur dazu, die BUS-Leitungen von den vorher übertragenen Informationen frei zu machen. Im Takt 2 werden die RAM und im Takt 4 die ROM adressiert. Zwei Takte später erfolgt dann jeweils das Lesen der Befehle bzw. das Lesen oder Speichern von Daten.

Speicher benutzt wird, ist der Daten-/Befehls-BUS *bidirektional,* das heißt in beiden Richtungen, wirksam, da er sowohl Informationen in die Speicher als auch von den Speichern zur Zentraleinheit übertragen muß. Damit es beim Wechsel der Übertragungsrichtung keine Überschneidungen gibt, findet bei diesem Typ in den Phasen 1 und 3 kein Verkehr auf dem BUS statt. In der Phase 2 sind die Eingangstore aller RAM und in der Phase 4 die Eingangstore aller ROM geöffnet. Dementsprechend wird eine am Daten-/Befehls-BUS in der Phase 2 anliegende Information in der Zentraleinheit als Befehl erkannt, während es sich in der Phase 4 nur um ein Datenwort aus einem RAM handeln kann. Eine Steuerleitung steuert den Ausgang der RAM und bestimmt, ob aus dem Speicher ausgelesen oder in ihn hineingeschrieben werden soll.
Erwähnt sei noch, daß die Ansteuerung der Eingabe-/Ausgabe-Einheiten in einem Mikrocomputer-System auch über Steuerleitungen meist zeittaktabhängig erfolgt. Die Typen der einzelnen Hersteller unterscheiden sich jedoch bezüglich der Phasen im Zeittakt und der Anzahl der Steuerleitungen grundlegend.

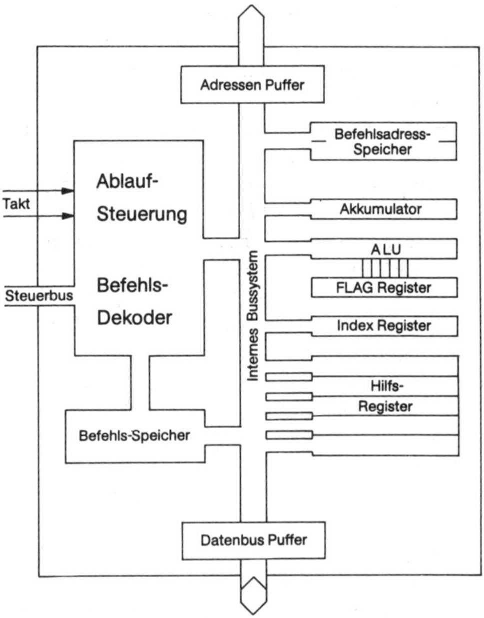

Abb. 13 Grundsätzlicher Aufbau eines Mikroprozessors.
Die Mikroprozessoren verschiedener Hersteller sind recht unterschiedlich aufgebaut. Es gibt jedoch eine Reihe von Funktionselementen, die in allen Typen vorkommen.
Jeder Mikroprozessor besitzt eine Reihe von schnell arbeitenden Speichern, die meist Register genannt werden. Sie können über Programmbefehle angesprochen werden und speichern je nach Aufgabe Adresse, Befehle oder Daten. Es gibt meist ein (oder mehrere) Hauptregister, AKKUMULATOR genannt, über das der Datenverkehr mit den Speicherelementen erfolgt, und eine Arithmetik-Logik-Einheit ALU, in der die eigentliche Datenbearbeitung geschieht. Der gesamte Ablauf bei der Ausführung eines Befehls wird durch die im Takt arbeitende Ablaufsteuerung in Verbindung mit dem Befehlsdekoder gesteuert.

Die interne Arbeitsweise der Zentraleinheit (CPU)

Sehr verschieden ist bei den einzelnen Mikrocomputer-Systemen auch der Aufbau der Zentraleinheit, das heißt des eigentlichen Mikroprozessors. Es würde zu weit gehen, an dieser Stelle den inneren Aufbau dieser Bausteine genau zu beschreiben.

Jeder besitzt eine Anzahl durch entsprechende Programmierung schnell zugreifbarer Speicher, die *Register* genannt werden.
Meist ist einer davon als Hauptspeicher, über den alle internen Operationen laufen, geschaltet.
Er wird *Akkumulator* genannt. Es gibt dann immer eine *Arithmetik-Logik-Einheit*, englisch *ALU* genannt, in der alle Rechenoperationen und logischen Vergleiche durchgeführt werden, und einen *Befehlsadreßzähler*, in dem immer die Adresse des als nächstes auszuführenden Befehls steht. Jeder Mikroprozessor hat dann noch einen oft als *FLAG-Register* bezeichneten Speicher, in dem ein *Programm-Status-Wort*, also eine Aussage über den Zustand nach Ausführung des letzten Befehls, festgehalten wird, und eine ganze Reihe von Hilfsschaltungen für die Programmablaufsteuerung, für die Dekodierung der Befehle und für die Bedienung der BUS-Systeme.
Ein Befehlszyklus verläuft nun zum Beispiel wie folgt:

1. Die im CPU-Befehlsadreßzähler anstehende Adresse für den nächsten auszuführenden Befehl wird an das ROM ausgegeben.
2. Der der Adresse entsprechende Befehl wird vom ROM in das Befehlsregister der CPU übertragen.
3. Der Befehl wird in der CPU dekodiert, das heißt hinsichtlich der durchzuführenden Operationen und der hierfür erforderlichen Daten interpretiert.
4. Die CPU adressiert den im Befehl angesprochenen RAM-Speicherplatz und erhält von diesem die angezogenen Daten.
5. Die durch den Befehl gewünschte Operation wird durchgeführt.
6. Je nach dem Inhalt des Befehls wird das Ergebnis der Operation abgespeichert.
7. Der Befehlsadreßzähler wird um eine Stelle erhöht, so daß in ihm jetzt die Adresse des nächsten Befehls, der auszuführen ist, steht und der nächste Arbeitszyklus beginnen kann.

Die Ausführung eines Befehls erfolgt immer in einzelnen kleinen Schritten nacheinander und erfordert darum auch immer mehrere Taktperioden. Auch in der Ausführungszeit eines ähnlichen Befehls unterscheiden sich die verschiedenen Mikroprozessor-Typen grundsätzlich.

Wie wird ein Mikro-computer programmiert?

Dieses Kapitel ist nicht ganz leicht zu verstehen, und diejenigen, denen die Computertechnik völlig fremd ist, können schnell darüber hinweglesen. Das Programmieren eines Mikroprozessor-Systems kann man auch nicht nur durch Lesen eines kurzen Kapitels lernen, aber wer sich etwas ernsthafter mit dem Mikroprozessor beschäftigt, sollte doch auch zumindest die Grundbegriffe der Programmentwicklung für einen Mikrocomputer verstehen.

Was ist ein Programm?

Wenn ein Taschenrechner richtige Ergebnisse liefern soll, so müssen die Tasten in einer ganz bestimmten Reihenfolge, immer eine nach der anderen, gedrückt werden. Das Betätigen der Tasten muß also nach einem Programm erfolgen, und das Programm ist verschieden, wenn man zum Beispiel addieren oder multiplizieren will. Möglicherweise ist die Bedienung auch bei verschiedenen Taschenrechnermodellen unterschiedlich. Bei den Rechnern des einen Typs wird bei der Addition nach jeder Zifferneingabe das Pluszeichen gedrückt, worauf nach der zweiten Ziffer das Ergebnis erscheint. Bei dem anderen Typ muß eingegeben werden »wie man spricht«, also: Ziffer – Plus-Zeichen – Ziffer – Gleichheitszeichen, und erst nach dem Gleichheitszeichen erscheint das Ergebnis.
Die etwas hochwertigeren Taschenrechner, die außer den Grundrechenarten auch andere Operationen erlauben, stellen schon höhere Anforderungen an die richtige Bedienung. Nur wenn die Tasten wirklich in der richtigen Reihenfolge gedrückt werden, das heißt also, wenn das betreffende Programm eingehalten wird, erscheint das richtige Ergebnis.
Man kann hieraus schon etwas Grundsätzliches über das Programmieren lernen. Jede Art eines Rechners wird durch eine Folge von nacheinander einzugebenden *Befehlen* gesteuert, wobei die Bedeutung der Befehle von dem inneren Aufbau des

Systems abhängt. Durch Wahl der richtigen Befehle in der richtigen Reihenfolge kann der gewünschte Zweck erzielt werden. Ein *Programm* ist also:

> Eine festgelegte Folge von Einzelbefehlen, die der Computer verstehen und ausführen kann, mit dem Ziel, damit ein gewünschtes Ergebnis zu erreichen.

Das eben Gesagte gilt nicht nur für Taschenrechner, sondern im Grundsatz für alle Computer. Wesentliche Unterschiede gibt es allerdings in der Art der Befehle, die der Computer verstehen und ausführen kann, und in der Art der Programmeingabe.

Ein einfacher Taschenrechner kann nur die vier Grundrechenarten ausführen. Seine interne Organisation ist aber so eingerichtet, daß die vielen Schritte, die nacheinander bei einem Rechenvorgang mit mehrstelligen Zahlen anfallen – man denke nur an eine schriftlich durchgeführte Rechenaufgabe –, selbsttätig schrittweise nacheinander ablaufen, wenn die entsprechende Taste gedrückt ist. Dieser Ablauf wird auch wieder durch ein internes Programm – in der Computertechnik auch *Betriebsprogramm* genannt – gesteuert.

Ein wesentlicher Unterschied zwischen einem großen Computer und einem Taschenrechner besteht darin, daß bei ersterem auch das Betriebsprogramm in weitem Umfang geändert werden kann, wenn dies notwendig erscheint. Im Gegensatz dazu wird das Betriebsprogramm eines Taschenrechners und in ähnlicher Weise auch das interne Programm eines Mikroprozessors ein für allemal fest in einen Halbleiterspeicher eingeschrieben. Es kann niemals gelöscht oder geändert und ergänzt werden.

Doch zurück zum Taschenrechner. Durch den Druck einer Taste wird in Wirklichkeit eine Fülle von Einzeloperationen, gesteuert durch das Betriebsprogramm, ausgelöst, bis als letzter Schritt das Ergebnis angezeigt wird. Bei der Division, die von allen Grundrechenvorgängen am längsten dauert, kann man bei einigen Rechnern das interne Arbeiten in vielen Einzelschritten durch das ganz kurze Aufleuchten der Anzeigeelemente vor der Ergebnisausgabe erkennen.

Im Gegensatz zu Taschenrechnern haben Mikroprozessoren kein auf die arithmetischen Funktionen ausgerichtetes Betriebsprogramm. Es ist also nicht möglich, Rechenoperationen in unserem Dezimalzahlensystem durch Eingabe nur eines Befehls ausführen zu lassen. Die Befehle, die der Mikroprozessor versteht, bewirken immer nur einzelne kleine Schritte einer Rechenoperation, und sie müssen immer durch ein der Aufgabenstellung entsprechendes Programm in der richtigen Reihen-

folge miteinander verbunden werden. Dafür kann ein Mikroprozessor aber viele andere Aufgaben erfüllen, die nichts mit der Arithmetik zu tun haben.
Durch ein vom Anwender, also von dem, der einen Mikroprozessor in ein Gerät einbaut, geschriebenes *Anwenderprogramm* wird ein Mikrocomputer für eine ganz bestimmte Aufgabe programmiert. Ein derartiges Programm kann aus mehreren tausend Einzelbefehlen bestehen, die nacheinander ausgeführt werden.
Der Mikroprozessor als elektronischer Baustein kann allerdings nicht wie ein Taschenrechner direkt durch Tastendruck programmiert werden, denn er reagiert nur auf Befehle, die ihm in seiner elektronischen Sprache eingegeben werden. Alle Befehle des Programms müssen, wie wir schon gehört haben, in einem ROM elektrisch gespeichert werden und stehen dort jederzeit zum Abruf für die Ausführung bereit. Da das Programm fest in ROM eingeschrieben ist, kann man es nur dann ändern, wenn man den Speicherbaustein austauscht.
Wir haben schon gelernt, daß man alle Bauelemente eines Computers zusammenfassend mit *HARDWARE* bezeichnet. Dementsprechend nennt man die Programme und alle sonstigen nicht greifbaren Erfordernisse für den Betrieb eines Computers *SOFTWARE*.

Computergeeignete Zahlensysteme

Um die Computertechnik und damit auch die Arbeitsweise eines Mikrocomputers verstehen zu können, muß man etwas über die Darstellung einer Ziffer in einem elektronischen System wissen. Unser übliches dezimales Zahlensystem mit den Ziffern 0, 1, 2, 3, 4, 5, 6, 7, 8 und 9, das sich mehr oder minder nur deshalb durchgesetzt hat, weil es einfaches Rechnen mit Hilfe der 10 Finger erlaubt, ist nur eins von vielen möglichen Zahlensystemen. Leider ist es ohne Umwandlung für den Gebrauch in einem Computer nicht geeignet.
Wie wir schon lernten, kann auf jeder elektrischen Leitung zu einer bestimmten Zeit nur eine Informationseinheit übertragen werden, die man als *bit* bezeichnet.
In der Leitung kann Strom fließen, dann bezeichnet man den Zustand als *1*, oder es fließt kein oder nur ein ganz geringer Strom, ein Zustand, der dann als 0 benannt wird.* Im ersten

Dezimal	Binär (Dual)	BCD	Hexa-dezimal
0	0	0000 0000 0000	0
1	1	0000 0000 0001	1
2	10	0000 0000 0010	2
3	11	0000 0000 0011	3
4	100	0000 0000 0100	4
5	101	0000 0000 0101	5
6	110	0000 0000 0110	6
7	111	0000 0000 0111	7
8	1000	0000 0000 1000	8
9	1001	0000 0000 1001	9
10	1010	0000 0001 0000	A
11	1011	0000 0001 0001	B
12	1100	0000 0001 0010	C
13	1101	0000 0001 0011	D
14	1110	0000 0001 0100	E
15	1111	0000 0001 0101	F
16	1 0000	0000 0001 0110	10
17	1 0001	0000 0001 0111	11
31	1 1111	0000 0011 0001	1F
64	100 0000	0000 0110 0100	40
208	1101 0000	0010 0000 1000	D0
255	1111 1111	0010 0101 0101	FF
256	1 0000 0000	0010 0101 0110	100

Tabelle. Die Zifferndarstellung in verschiedenen Zahlensystemen. In der Mikroprozessor-Technik werden ebenso wie in der Computertechnik noch andere Zahlensysteme wie das uns geläufige Dezimalsystem verwendet. Bekanntlich kann man jeden Zahlenwert durch die verschiedensten Symbole ausdrücken. Alle Computer verstehen nur das Binäre System, bei dem es nur die Ziffernsymbole »0« und »1« gibt. Eine Abwandlung davon, die leichter in das Dezimalsystem umzurechnen ist, stellt die Zahlendarstellung im BCD-Code dar. In diesem System wird jede Dezimalstelle für sich in eine Binärzahl umgewandelt. Die hexadezimale Zahlendarstellung mit 16 Ziffernsymbolen wird in der Mikroprozessor-Programmierung viel verwendet. Mit ihr läßt sich eine vierstellige Binärzahl mit einem Ziffernsymbol darstellen.*

---

* Nach einer internationalen Übereinkunft sollen für die Bezeichnung der Zustände einer Leitung nicht mehr die Begriffe »0« und »1« (Strom fließt oder Strom fließt nicht), sondern »L« für niedriges Spannungsniveau (low) und »H« für hohes Spannungsniveau (high) verwendet werden. Da die alten Bezeichnungen für den Laien aber eingänglicher sind, werden diese hier weiter verwendet.

Fall wird die Information *1* und im zweiten Fall die Information *0* übertragen. Andere Werte sind auf einer Leitung nicht darstellbar und können auch in einer einzigen Speicherzelle nicht gespeichert werden. Es ist also notwendig, einen Code zu benutzen, der es erlaubt, mit Hilfe der Symbole 1 und 0 alle gewünschten Ziffern und Zeichen auszudrücken.

Soweit es sich um Ziffern handelt, verwendet man dafür gern das *duale Zahlensystem*, das ebenfalls nur die Symbole 0 und 1 kennt. Wie beim Dezimalsystem eine neue Stelle begonnen werden muß, wenn in aufsteigender Reihenfolge als letztes Ziffernsymbol die 9 geschrieben wurde, so muß beim Dualsystem bereits nach dem Symbol 1 jedesmal wieder eine neue Stelle begonnen werden. Die Zifferndarstellung im Dualsystem, die man auch *Binärziffern* nennt, hat also mehr Stellen als im Dezimalsystem, aber das kann bei der Arbeit eines Computers in Kauf genommen werden.

Ebenso wie für das Dezimalsystem gibt es auch für das Dualsystem ganz bestimmte Rechenregeln. Mit gewissen Tricks kann man alle Rechnungen auf die Grundoperation des Addierens zurückführen, und das ist die Rechenart, die jeder Computer hervorragend beherrscht. Da ein Computer sehr schnell arbeitet, kann er ohne weiteres zum Multiplizieren den Weg der wiederholten Addition wählen.

Wenn ein Computer mit Dualzahlen, also im Binär-Zahlensystem, rechnet, muß man natürlich bei einer Zifferneingabe und bei der Ausgabe der Ergebnisse, wiederum gesteuert durch das Programm, für eine Umrechnung in das uns allein geläufige Dezimalsystem sorgen.

In der Tabelle sind die Zifferndarstellungen in verschiedenen Zahlensystemen nebeneinandergestellt. Für die Darstellung einer Zahl in einem Computer hat auch das *BCD-System* (BINARY CODED DECIMAL) eine große Bedeutung. Hier wird jede Dezimalziffer einzeln binär codiert, wozu man 4 Binärstellen braucht. Dabei hat die erste Stelle ganz rechts die Wertigkeit $2^0 = 1$, die zweite Stelle entspricht $2^1 = 2$ und die dritte und vierte dementsprechend $2^2 = 4$ und $2^3 = 8$. Durch Zusammenzählen der binären Wertigkeiten erhält man den Wert der dargestellten Dezimalziffer. Da jede Dezimalstelle separat codiert wird, sind für jede Stelle vier Binärziffern, das heißt vier bit, notwendig.

Man kann nun mit vier bit nicht nur 10 verschiedene Ziffern darstellen, sondern, wenn man alle möglichen Positionen von 0 und *1* voll ausnutzt, sogar 16 verschiedene Ziffern. Dies geschieht im *Hexadezimalen Zahlensystem*, in dem der Übergang zur nächsten Stelle erst nach dem 16. Ziffernsymbol erfolgt. Weil jedes Muster aus 8 bit durch lediglich zwei Hexadezimalzahlen sehr einfach darstellbar ist, hat dieses Zahlensystem für die Programmierung von Mikrocomputern eine gewisse Bedeutung. Deshalb wurde das Hexadezimalsystem ebenfalls in die Tabelle aufgenommen. Man sieht, daß die Ziffernsymbole 0 bis 9 um die Buchstaben A bis F ergänzt wurden. Die Buchstaben sind hier nur als Symbole und keineswegs als Laute zu verstehen.

Die Programmiersprachen

Die einzige Sprache, die ein Mikroprozessor versteht, ist seine eigene *Maschinensprache*, in der es nur die Zahlen *0* und *1* gibt. Die Befehlsworte, die aus diesen Zeichen gebildet werden, haben beim Mikroprozessor eine genau definierte Länge von meist vier oder acht Zeichen oder einem Vielfachen davon. Das Befehlswort: *0001 0011* könnte zum Beispiel bei einem bestimmten Mikroprozessor-Typ die Bedeutung haben: »Tausche den Inhalt des Speichers A mit dem Inhalt des Speichers B.« Die gleiche Kombination aus Nullen und Einsen kann aber bei einem anderen Typ auch bedeuten: »Erhöhe den Inhalt des Speichers X um den Wert 1.«
Die Maschinensprache, die der Mikroprozessor versteht, ist also bei den Typen verschiedener Hersteller sehr unterschiedlich. Wenn man ein Programm schreiben will, muß man die Sprache seines Mikroprozessors beherrschen und jeweils genau wissen, was geschieht, wenn ein bestimmter Befehl ausgeführt wird.
Da wir Menschen uns die aus *0* und *1* bestehende Sprache nur sehr schwer merken können, hat man eine Symbolsprache geschaffen, bei der jeder in einem bestimmten Mikroprozessor-System mögliche Befehl durch drei oder vier Buchstaben, meist Abkürzungen aus der englischen Sprache, ausgedrückt wird. Diese Sprache wird *ASSEMBLER* genannt. Der oben erwähnte Befehl der Maschinensprache *0001 0011* könnte also zum Beispiel in der Assembler-Sprache des einen Typs »EXC« (von exchange = austauschen) oder bei dem anderen Typ »INC« (von increment = erhöhen) geschrieben sein.
Jeder Mikroprozessor-Typ hat seine bestimmte Assembler-Sprache, die man wie eine Fremdsprache lernen muß, wenn man programmieren will. Es genügt aber nicht, sich nur die

Bedeutungen der Abkürzungen einzuprägen, sondern man muß auch wissen, wie der Mikroprozessor reagiert, das heißt, welchen Befehlsschritt er genau ausführt, wenn ein bestimmter Befehl in Form der elektrischen Signale *0* und *1* eingegeben wird. Man muß also beim Programmieren in der Assembler-Sprache quasi laufend verfolgen, was im Mikroprozessor-System vor sich geht, denn wenn in der Folge der Befehle auch nur eine falsche Information eingegeben wird, funktioniert das ganze Programm nicht.

Eine weitere Schwierigkeit beim Programmieren eines Mikrocomputers besteht darin, daß der Mikroprozessor nur ganz einfache Befehle versteht, das heißt, man muß jede Aufgabenstellung vor dem eigentlichen Programmieren in kleinste Schritte zerlegen. Der Programmierer muß also nicht nur die Sprache seines Mikroprozessors beherrschen, sondern er muß auch wissen, wie er eine gegebene Aufgabenstellung mit den Befehlen, die in seinem System zur Verfügung stehen, lösen kann. An einem Beispiel aus der Arithmetik sei dies verdeutlicht:

Fast alle Mikroprozessoren haben in ihrem Befehlssatz nur die Befehle »addiere« und »subtrahiere«. Auf den ersten Blick scheint es also so, als ob der Mikroprozessor nicht multiplizieren könne. Man kann jedoch eine Multiplikation durch wiederholte Additionen ersetzen. Wenn ich also 4 mal 5 ausrechnen will, so bedeutet das nichts anderes als vier mal die Zahl 5 zu addieren. Etwas vereinfacht dargestellt müßte die Multiplikationsaufgabe 4 mal 5 bei einem Mikroprozessor etwa wie folgt programmiert werden (siehe auch Abb. 14):

Schreibe die Zahl 4 vermindert um 1 in den internen Speicher R 1.

Schreibe die Zahl 5 in den internen Speicher R 2.

Lade Addierwerk mit dem Inhalt von R 2.

Vermindere den Inhalt von R 1 um den Wert 1.

Addiere den Inhalt des Speichers R 2 zum Addierwerk.

Stelle fest, ob der Inhalt des Speichers R 1 schon Null ist.

Wenn nein, addiere wieder den Inhalt von R 2 zum Addierwerk.

Überprüfe wieder, ob R 1 schon Null ist.

Wenn ja, bringe den Inhalt des Addierwerks als Ergebnis zur Anzeige.

Man muß also für jede gewünschte Rechenoperation eine ganze Anzahl von Einzelschritten programmieren. In der Praxis ist dies sogar noch etwas komplizierter als bei diesem Beispiel. Der Mikroprozessor kann ja mit unseren Dezimalzahlen nicht umgehen, sondern nur in seinem »dualen« Zahlensystem mit den Symbolen *0* und *1* arbeiten. Jede Dezimalziffer muß also vor jedem Rechenvorgang zunächst so umgewandelt werden, daß sie der Mikroprozessor versteht. Und nach dem Rechenvorgang muß wieder eine Umkodierung in das uns allein verständliche Dezimalsystem erfolgen.

Grundsätzlich kann man jedes Umkodieren von einer Sprache in die andere, also zum Beispiel von den Symbolen der Assembler-Sprache in die dem Mikroprozessor verständliche Maschinensprache oder auch vom dezimalen Zahlensystem in das duale Zahlensystem, anhand von entsprechenden Tabellen oder Rechenregeln mit Bleistift und Papier beim Programmieren vornehmen. Diese Arbeit ist jedoch außerordentlich zeitraubend und anfällig für Irrtümer, so daß man sich im allgemeinen auch wieder eines Computers für alle Umkodierungen bei der Programmentwicklung bedient. Alle Hersteller von Mikroprozessoren liefern entsprechende Computerprogramme, mit denen die bei der Programmentwicklung notwendigen Umkodierungen aus einer dem Menschen verständlichen Sprache in die Maschinensprache des Computers und ebenso Umrechnungen aus dem Dezimalsystem in das Dualsystem und umgekehrt durchgeführt werden können. Diese Programme können entweder in einem speziellen Mikroprozessor-System, das dafür eingerichtet ist, laufen – in diesem Fall nennt man sie auch *ASSEMBLER-Programme* –, oder aber sie können in einen echten, universell verwendbaren Computer eingelesen werden, dann nennt man sie *COMPILER-Programme.*

Da das Programmschreiben in der mikroprozessor-typischen Assembler-Sprache selbst dann, wenn die notwendigen Umkodierungen durch einen Computer ausgeführt werden, immer noch verhältnismäßig schwierig ist, werden auch die in der Computertechnik bekannten sogenannten *höheren Programmsprachen* für die Programmierung von Mikrocomputern benutzt. Diese Sprachen, die zum Teil für die Programmierung in ganz bestimmten Anwendungsgebieten entwickelt wurden, haben Kunstnamen wie *ALGOL, COBOL, BASIC, PL/Mp* und viele andere. Gemeinsam ist allen höheren Programmiersprachen, daß sie unabhängig vom Typ des Computers verwendet werden können, denn es besteht jeweils immer ein besonderes Programm für die Übersetzung und Umkodierung der Programmiersprache in die Maschinensprache des betreffenden Computers. Bei den höheren Programmiersprachen muß man nicht mehr auf die schrittweise Ausführung einer gewünschten Operation,

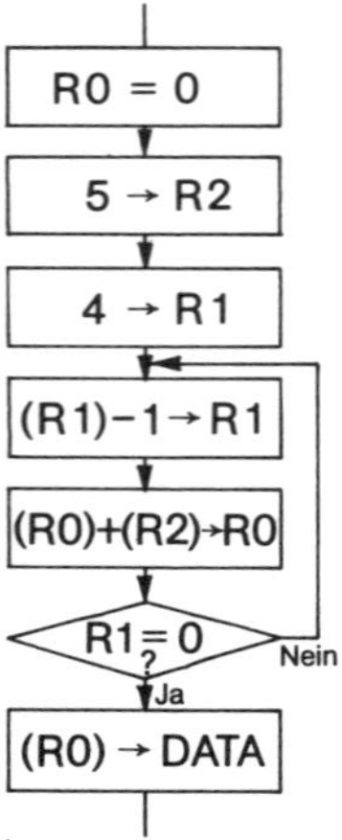

Befehle im Wortlaut	Assemblersprache	Adressen	Maschinensprache	
Setze Register 0 auf Null	EORZ, R0 0	0100	0010 0000	20
Lade Register 2 mit Wert 5	LODI, R2 5	0101	0000 0110	06
		0102	0000 0101	05
Lade Register 1 mit Wert 4	LODI, R1 4	0103	0000 0101	05
		0104	0000 0100	04
Subtr. von (R1) den Wert 1	SLEIF SUBI, R1 1	0105	1010 0101	A5
		0106	0000 0001	01
Addiere zum Inhalt (R0) Inhalt (R2)	ADDZ, R2	0107	1000 0010	82
Wenn (R1) nicht 0, springe zu SLEIF sonst	BRNR, R1 SLEIF	0108	0101 1001	59
		0109	1111 1011	F0
Schreibe Inhalt (R0) zur Data Anzeige	WRTD, R0	010A	1111 0000	F0

Flußdiagramm · Befehle im Wortlaut · Assemblersprache · Adressen · Maschinensprache

Abb. 14 Multiplikation 4 mal 5 als Mikroprozessor-Programm.

Die Multiplikation wird durch mehrmalige Addition ausgeführt. Links das Flußdiagramm als Befehlsdiagramm und daneben die Befehle im Wortlaut. Die beiden Faktoren der Multiplikation werden in die internen Speicher R1 und R2 eingegeben. Bei den mehrmaligen Additionen wird das Ergebnis immer im Register R0 gespeichert, das zu Beginn des Programms auf Null gesetzt wurde. R1 dient als Zähler für die Anzahl der Additionsvorgänge. Der Inhalt wird über die Schleife vor jeder neuen Addition um 1 vermindert. Wenn der Inhalt Null ist, erfolgt keine weitere Schleife, sondern die Anzeige des Ergebnisses.

Rechts ist die Ausschreibung der Befehle in der Assembler-Sprache und in der Maschinensprache, die der Prozessor allein verstehen kann, zu sehen. Man erkennt, daß manche Befehle die doppelte Länge haben und zwei Adressen benötigen.

Ganz rechts sind die Befehle in hexadezimaler Darstellung codiert geschrieben.

die allein im Mikroprozessor möglich ist, Rücksicht nehmen, sondern man braucht hier zum Beispiel nur den gewünschten Rechenvorgang nach den Regeln, die in der betreffenden Programmsprache festgelegt sind, zu formulieren. Die Umwandlung in die einzelnen Schritte der Maschinensprache erfolgt dann selbsttätig durch das erwähnte Computerübersetzungsprogramm.

Die Bedeutung der Adresse im Programm

Eine besonders wichtige Aufgabe beim Programmieren ist die richtige Adressenzuweisung. Im vorigen Kapitel wurde bereits dargelegt, daß ein Mikroprozessor-System immer aus der Zentraleinheit, das heißt dem eigentlichen Mikroprozessor, und aus Speicherbausteinen besteht, in denen die einzelnen Befehle des Programms und auch Daten, die zu verarbeiten sind, unter genau definierten Adressen abgespeichert werden können.
Die Speicherung der Programmbefehle geschieht bei einem Mikroprozessor-System im allgemeinen in »Nurlesespeichern« mit der englischen Abkürzung *ROM*. Bei einfachen Programmen kann man also zum Beispiel den ersten Befehl im ersten Speicherplatz, der die Adresse 0000 0000 hat, aufbewahren. Der zweite Befehl kommt dann in den Platz 0000 0001 usw.
Wie im vorigen Kapitel erklärt, hat der Mikroprozessor einen Befehlsadreßzähler, der nach Ausführung eines Befehls immer um eine Position weiterschaltet. Erfolgt kein Eingriff durch Programmbefehle, dann wird selbsttätig ein Befehl nach dem anderen in aufsteigender Reihenfolge aus den Speicherplätzen abgerufen und verarbeitet.
Ein nur in einer stetigen Folge aufgebautes Programm ist aber für die meisten Fälle in der Praxis nicht ausreichend. Ein Mikroprozessor kann nämlich auch Entscheidungen fällen, und dies wird bei der Programmierung gern mit Vorteil ausgenutzt. Schon bei dem einfachen Multiplikationsbeispiel, das im vorigen Abschnitt beschrieben ist, wurde gefragt: »Ist der Inhalt des Speichers R 1 gleich Null?, dann ..., sonst ...« Ähnliche Entscheidungen kommen in jedem Programm häufig vor. Je nachdem, die die Antwort auf die programmierte Frage lautet, die der Mikroprozessor selbst finden kann, muß entweder der nächste Programmschritt, der durch einfaches Weiterzählen des Befehlsadreßzählers bestimmt ist, ausgeführt werden, oder das

Programm muß zu einer anderen, vorher definierten Speicherstelle *springen*. Bei der Programmierung muß also bereits festgelegt werden, in welcher Adresse der nächste auszuführende Befehl abgelegt ist, wenn das Ergebnis einer vom Mikroprozessor zu treffenden Entscheidung zum *Sprung* führt.
Man benutzt die Fähigkeit eines Mikroprozessors, Programmsprünge auszuführen, auch bei sogenannten *Unterprogrammen*. Hierunter versteht man bestimmte Programmabschnitte, die immer wieder im Rahmen des Hauptprogramms vorkommen. Man denke zum Beispiel daran, daß im Rahmen eines umfangreichen Rechenprogramms öfter die Aufgabe entsteht, zwei Zahlen miteinander zu multiplizieren. Man wird dann das eigentliche Multiplizierprogramm als Unterprogramm schreiben und dafür Sorge tragen, daß jedesmal ein Sprung zur ersten Adresse des Unterprogramms stattfindet, wenn multipliziert werden soll. Am Ende des Unterprogramms ist dann wiederum ein Rücksprung zum Hauptprogramm programmiert, und das Programm geht in üblicher Weise einen Schritt nach dem anderen weiter.
Sehr erleichtert wird die Zuweisung der richtigen Adresse, wenn man bei der Programmierung mit sogenannten *Symbolischen Adressen* arbeitet. Man versteht hierunter irgendwelche aus Buchstaben oder Buchstaben und Ziffern vom Programmierer frei gewählten Symbole, die beim ersten Niederschreiben eines Programms statt einer korrekt als Bitmuster ausgedrückten Adresse verwendet werden.
Wenn man also zum Beispiel beim Schreiben eines Programms die symbolische Adresse *ANF* setzt, an die später ein Rücksprung erfolgen soll, braucht man später nur den Befehl *JUMP, ANF* zu schreiben, was »Springe zur mit ANF bezeichneten Adresse« bedeutet.
Das schon im vorigen Abschnitt erwähnte Assembler-Programm ist in der Lage, diese symbolischen Adressen zu interpretieren und daraus die richtige, vom Prozessor zu verarbeitende und in seiner Maschinensprache ausgedrückte Adresse zu machen.
Es gibt aber noch ein Problem bei der Adressenverwaltung, das vom Assembler-Programm berücksichtigt wird. Bei den meisten Mikroprozessor-Typen ist die Länge der Befehle unterschiedlich. Sie können also entweder eine, zwei oder drei Speicherzellen und damit auch Adressen beanspruchen. Der Prozessor erkennt an der Art des Befehls, was er zu tun hat, aber beim Programmieren muß der unterschiedliche Speicherbedarf berücksichtigt werden.

Die Bedeutung der FLAGs oder des Programm-Status-Worts

Im vorigen Kapitel wurde darauf hingewiesen, daß jeder Mikroprozessor einen besonderen Speicher besitzt, in dem eine Aussage über den Zustand des Systems nach Ausführung des letzten Befehls festgehalten wird. Einige Hersteller nennen diesen Teil FLAG-Register, andere bezeichnen ihn als Programm-Status-Register.
Die hohe Bedeutung dieses Speichers liegt darin, daß hier auch einige typische Ergebnisse einer vorangegangenen Operation, die der Prozessor ausgeführt hat, festgehalten werden. So kann zum Beispiel an einer bestimmten Stelle in diesem Register eine *1* gesetzt werden, wenn das Ergebnis einer Rechenoperation zu einer Null geführt hat. Ebenso kann gemeldet werden, wenn das Ergebnis negativ geworden ist oder wenn ein Übertrag beim nächsten Rechenschritt zu berücksichtigen ist.

Abb. 15 Mikroprozessor-Programmentwicklungsgerät.
Die Entwicklung eines Programms für einen Mikrocomputer wird durch ein Entwicklungsgerät, das auch wieder mit einem Mikroprozessor arbeitet, sehr erleichtert. Bei dem abgebildeten Gerät arbeitet der Entwickler im Dialog mit einem Bildschirm, auf dem er alle Eingaben, die er mit seiner Tastatur eingibt, kontrollieren und gegebenenfalls auch korrigieren kann. Was für das weitere Programm gebraucht wird, kann dann auf Magnetplatten gespeichert werden und steht auch als gedruckte Liste zur Verfügung. Der eingebaute Computer übersetzt dabei alle vom Programmierer eingegebenen Befehle in die dem Mikroprozessor allein verständliche Maschinensprache. (Werkfoto: VALVO.)

Wir haben schon gelernt, daß der Mikroprozessor innerhalb seines Programms einen Sprung durchführen kann, wenn eine bestimmte Bedingung erfüllt ist. Er benutzt bei diesen sogenannten *bedingten Sprüngen* die Aussage im FLAG-Register, um danach zu entscheiden, ob der Sprung ausgeführt werden soll oder ob das Programm – wie in der nächstfolgenden Adresse gespeichert – fortzusetzen ist.

Der Befehlssatz eines Mikroprozessors

Man findet im Befehlssatz der meisten Mikroprozessoren keinen Befehl, der etwa »multipliziere« lautet, auch der immer vorhandene Befehl »addiere« hat eine völlig andere Bedeutung als beim Taschenrechner. Die Befehle eines Mikroprozessors sind nur verständlich, wenn man den inneren Aufbau des betreffenden Typs kennt, und sie führen in der Folge jeweils immer nur mit anderen Befehlen zusammen zu einem sinnvollen Ergebnis.
Die verschiedenen Mikroprozessor-Typen haben sehr unterschiedliche Befehlssätze, so daß man das für einen Prozessor geschriebene Programm nicht für einen anderen Typ verwenden kann. Trotzdem gibt es eine gewisse Ähnlichkeit in der Bedeutung und im Aufbau der Befehle.
Wenn sich die Antwort nicht schon von selbst ergibt, muß jeder Befehl klare Anweisungen zu folgenden Fragen enthalten:
Was? Das heißt, welche Operation durchgeführt werden soll.
Wer mit wem? Das heißt, welche Speicherinhalte oder Daten sollen verarbeitet werden.
Wohin? Wo soll das Ergebnis der Operation abgespeichert werden.
Nächste Adresse? Das heißt, wo ist der Befehl zu finden, der als nächstes vom Mikroprozessor zu verarbeiten ist.
Zwischen 150 und 250 verschiedene Befehle können die meisten Mikroprozessor-Typen erkennen und verarbeiten. Bei allen Typen sind Befehle aus den folgenden Gruppen zu finden, die immer mit Kurzsymbolen (MNEMONIC) bezeichnet werden, die der englischen Sprache entstammen.
Laden und Speichern (zum Beispiel MOVE, LOAD oder STORE)
Diese Befehle dienen dazu, den Inhalt von Speicherstellen in eines der internen Register der Zentraleinheit zu überführen

oder umgekehrt den Inhalt von Registern abzuspeichern. Meist ist es auch möglich, den Inhalt der internen Register auszutauschen.

Arithmetische Befehle (zum Beispiel ADD, SUB).
Es gibt meist nur die Befehle zum Addieren und Subtrahieren sowie einen Korrekturbefehl, der bei gewissen Rechenvorgängen benötigt wird.

Verschiebebefehle (zum Beispiel ROTL, ROTR).
Mit diesen Befehlen wird ein in einem Register stehendes Bitmuster um eine Position nach rechts oder links verschoben.

Logische Befehle (zum Beispiel AND, IOR, EXO).
Mikroprozessoren können gewisse logische Funktionen, die man mit »und«, »oder« und »exklusive oder« bezeichnet, ausführen.

Vergleichen (zum Beispiel COMP, TEST).
Diese Befehle dienen zum Beispiel dazu, festzustellen, ob eine Zahl größer oder kleiner als Null ist, ob ein Datenwort mit einem anderen übereinstimmt und ähnliches.

Springen (zum Beispiel JUMP, JPNZ, BRN).
In jedem Befehlssatz gibt es Befehle, mit denen ein Programmsprung durchgeführt wird, wenn gewisse Bedingungen erfüllt sind. Es gibt bestimmte Befehle zum Übergang auf ein Unterprogramm und zur Rückkehr aus dem Unterprogramm.

Erhöhen und Erniedrigen (zum Beispiel INC, DEC).
Bei bestimmten Befehlen wird der Inhalt von Registern in der Zentraleinheit jeweils nach der Ausführung eines Befehls um den Wert 1 erhöht oder erniedrigt.

Eingabe – Ausgabe (zum Beispiel REDA, WRTA).
Mit diesen Befehlen werden Signale, die in geeigneter elektrischer Form an irgendeiner Tastatur oder einem Meßgerät anstehen, in das Mikroprozessor-System übernommen oder umgekehrt bei der Ausgabe an Anzeigeelemente oder Drucker ausgegeben.

Wenn man diese doch recht abstrakt erscheinenden Befehle betrachtet, so erscheint es dem Laien fast wunderbar, daß man mit einem Mikroprozessor-System die vielen Aufgaben lösen kann, die in den weiteren Kapiteln des Buches angesprochen werden. Zum Entwickeln eines Mikroprozessor-Programms gehört viel Können und Erfahrung, aber auch Phantasie und Vorstellungsvermögen. Die Regeln des Programmierens kann man zwar in einem Lehrgang lernen. Beherrschen wird man das Programmieren aber nur, wenn man sich durch Üben ständig mit der Materie befaßt.

Die Schritte bei der Entstehung eines Programms

Mit Ausnahme für die ersten Übungen liegt jedem Programm eine konkrete Aufgabenstellung zugrunde. Es ist wichtig, daß diese Aufgabe so genau und eingehend wie möglich beschrieben wird. Denn nur wenn die Aufgabenstellung bis in alle Einzelheiten ausführlich und richtig ist, kann auch ein richtiges Programm daraus werden.

Erst wenn eine eindeutige Aufgabenbeschreibung vorliegt, kommt der nächste Schritt, die Anfertigung eines *Flußdiagramms*. Nach gewissen schnell und einfach zu lernenden Regeln kann mit Hilfe des Flußdiagramms jeder beliebige Vorgang in eine Folge von Einzelvorgängen zerlegt werden. Ein solches Diagramm besteht im wesentlichen aus sogenannten *Operationsfeldern* und aus *Entscheidungsfeldern*, die durch Pfeile in eindeutiger Richtung miteinander verbunden sind. Mit dem Aufstellen eines Flußdiagramms bereitet man also schon den Arbeitsablauf im Mikroprozessor vor, denn ebenso wie im Flußdiagramm nur ein Operations- oder Entscheidungsfeld nach dem anderen zu lesen ist, kann der Mikroprozessor auch nur eine Operation nach der anderen durchführen.

Mit dem eigentlichen Programmieren sollte erst begonnen werden, wenn das Flußdiagramm in jeder Hinsicht klar ist und wenn alle Beteiligten es anerkannt haben. Das Ändern eines Flußdiagramms ist meist viel einfacher als die spätere Änderung eines Programms.

Es kann zweckmäßig sein, zunächst ein verhältnismäßig grobes Flußdiagramm – auch *Ablaufdiagramm* genannt – aufzustellen, in dem die einzelnen Operationsfelder noch mehrere Programmschritte umfassen. Danach wird das Flußdiagramm je nach Bedarf immer weiter verfeinert und ausgebaut, bis gegebenenfalls zum Schluß jedes Diagrammfeld nur einem oder wenigen Mikroprozessor-Befehlen entspricht. Man kann dieses dann als *Befehlsdiagramm* bezeichnen.

Jetzt beginnt das eigentliche Programmieren, indem das Programm unter Benutzung der maschinentypischen Abkürzungen der Assembler-Sprache Schritt für Schritt niedergeschrieben wird. Hierbei wird man weitgehend versuchen, die von den Mikroprozessor-Herstellern schon entwickelten Standard-Programme, die *MACROS* genannt werden, mit einzubauen. Im allgemeinen verwendet man als Hilfsmittel für die Programmerstellung spezieller Mikroprozessor-Entwicklungsgeräte, die in verschiedenen Ausführungen auf dem Markt sind.

In einer ersten Stufe, die man *Editieren* nennt, werden zunächst alle Programmschritte nacheinander gespeichert und gegebenenfalls ausgedruckt. Schon in dieser ersten Stufe wird man Fehler feststellen und nach Möglichkeit beseitigen. Man kann Änderungen ausführen und Ergänzungen einfügen, was mit Hilfe der speziellen Mikroprozessor-Entwicklungsgeräte sehr erleichtert wird.

Dann kommt der Vorgang des *Assemblierens*, der auch durch das Entwicklungsgerät, das immer einen kleinen Computer mit einem speziellen Assembler-Programm enthält, durchgeführt wird. Beim Assemblieren erfolgt die Übersetzung der Assembler-Sprache in die Maschinensprache, und vor allen Dingen die Berechnung der jeweils für den nächsten Befehl zutreffenden Befehlsadresse. Damit das alles richtig funktioniert, muß man beim Schreiben des Programms in der Assembler-Sprache eine Reihe von Regeln einhalten. Der Computer meldet jedesmal beim Assemblieren, wenn ein Regelverstoß vorliegt, das heißt, wenn die Programmierung nicht eindeutig ist. Beim Assemblieren wird immer eine Reihe von formellen Fehlern entdeckt, die entsprechend korrigiert werden müssen, bevor das eigentliche Testen des Programms beginnt.

Da auch der beste Computer nicht das schöpferisch tätige menschliche Gehirn ersetzen kann, ist er nur in der Lage, formelle Fehler zu erkennen; er kann aber nicht beurteilen, ob das, was sich der Programmierer ausgedacht hat, auch wirklich logisch aufgebaut ist und funktioniert. Um dies herauszufinden, muß man die Aufgabe, die der Mikroprozessor später ausführen soll, *simulieren* und das Programm zum Teil langsam Schritt für Schritt ablaufen lassen. Man wird daher zunächst das entwickelte Programm in einen Speicher geben, dessen Inhalt noch gelöscht und geändert werden kann. Erst wenn alle logischen Fehler beseitigt sind und das Programm wirklich einwandfrei läuft, kann man es in den endgültigen Programmspeicher, in dem es unveränderbar für alle Zeit festgelegt ist, einschreiben.

Es folgen dann weitere Prüfungen zusammen mit den eventuell separat entwickelten Hardware-Teilen. Bei diesen Tests ergibt sich aber häufig, daß das Programm doch noch einmal geändert werden muß. Man verwendet darum zum Speichern des Programms in dieser Phase der Entwicklung meist die selbstprogrammierbaren Festwertspeicher, PROM genannt, oder sogar Speicherelemente, die programmiert und, wenn nötig, als Ganzes wieder gelöscht werden können, die EPROM heißen.

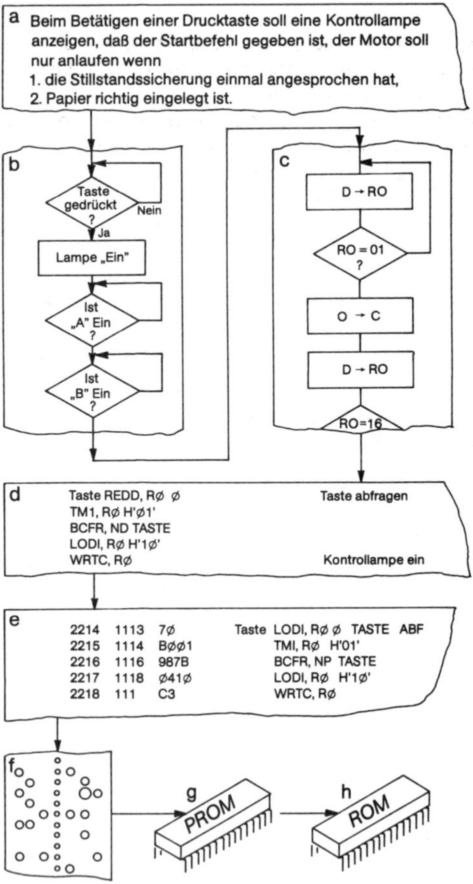

Abb. 16 Schritte bei der Entwicklung eines Mikroprozessor-Programms.

Die Entwicklung eines Programms für ein Mikroprozessor-System erfolgt zweckmäßigerweise in mehreren Schritten nacheinander.

Zunächst muß die zu lösende Aufgabe so klar wie möglich in Worten beschrieben werden (a). Daraus wird ein erstes Flußdiagramm, auch Ablaufdiagramm genannt, entwickelt (b). In diesem wird der zu steuernde Vorgang in eine Folge von Schritten zerlegt, wobei aber noch keine Rücksicht auf den Befehlssatz des verwendeten Prozessors genommen wird. Als nächstes wird das Befehlsdiagramm aufgestellt (c), das den Vorgang so darstellt, wie er durch Befehle gesteuert werden soll.

Es folgt die erste Niederschrift der Befehle in der symbolischen Assembler-Sprache (d), ein Vorgang, der auch editieren genannt

wird. Im Mp-Entwicklungssystem entsteht dann durch Assemblieren mit ausgerechneten Adressen und richtig kodierten Befehlen (e) das endgültige Programm.
Das Programm wird zunächst auf einer Platte oder einem Lochstreifen zwischengespeichert (f) und dann elektrisch in ein PROM eingeschrieben (g). Wenn alles getestet ist und Serienfertigung beabsichtigt ist, können dann ROM-Bauteile beim Hersteller bestellt werden.

Erst wenn alle Tests im Prototyp des zu entwickelnden Gerätes zur Zufriedenheit ausgefallen sind, wird man, wenn es sich um eine Serienproduktion handelt, die endgültigen Programmspeicher, die ROM genannt werden, herstellen lassen. Während alle anderen, bisher beschriebenen Arbeitsgänge mit Hilfe eines Entwicklungs- oder Programmiergerätes in der Firma, die den Mikroprozessor in ihre Geräte einbauen will, durchgeführt werden können, ist die Herstellung der endgültigen ROM-Bauelemente nur beim Bauelementehersteller möglich, denn die Informationen, die gespeichert werden sollen, müssen in diesem Fall schon bei der Produktion des Bauelements berücksichtigt werden.

Was kann ein Mikroprozessor?

Zunächst einmal: »Was kann ein Mikroprozessor nicht?« Er kann bestimmt nicht selbst denken wie das menschliche Gehirn. Er kann nur Entscheidungen fällen, wenn ihm vorher genaue Anweisungen gegeben sind, und er kann schon gar nicht selbst schöpferisch tätig sein. Er ist aber ein vielseitiges Hilfsmittel, um den Menschen bei der Arbeit zu entlasten. Er kann auch viele Tätigkeiten, die wir allein mit Hilfe unseres Gehirns durchführen können, sehr viel schneller und irrtumsfreier durchführen, als wir das vermögen. Im einzelnen sind es sechs Aufgabengebiete, für die Mikroprozessor-Systeme mit Vorteil eingesetzt werden können. Diese Aufgabengebiete überschneiden sich selbstverständlich und können miteinander kombiniert werden, jedoch kann man sie wohl etwa wie folgt definieren:

- Steuern und regeln
- Rechnen und vergleichen
- Daten sammeln und verarbeiten
- Meßsignale auswerten und verarbeiten
- Logische Entscheidungen fällen
- Ansteuern von Ein- und Ausgabeeinrichtungen

Steuern und Regeln

In der Technik gibt es unzählige Aufgaben, bei denen irgendwelche Vorgänge nach vorher festgelegten Regeln ablaufen müssen. Wir können dabei zum Beispiel an unsere Waschmaschine denken, bei der der Waschvorgang erst anläuft, wenn eine vorher festgelegte Temperatur durch die Heizung erreicht ist. Derartige Steuervorgänge gibt es in fast jedem elektrischen Gerät und in viel komplizierterer Form praktisch in allen industriellen Maschinen und Anlagen. Immer geht es darum, daß gewisse Vorgänge erst dann eingeschaltet werden, wenn bestimmte Voraussetzungen, das heißt Bedingungen, erfüllt sind. Oft werden diese Bedingungen durch einen Meßfühler, den man auch *Sensor* nennt, abgefragt. Erst wenn dieser Sensor das Erreichen der vorher gewünschten Bedingung meldet, wird

der nächste zu steuernde Vorgang eingeschaltet. Die erste Ingangsetzung des Programms erfolgt durch den Bedienenden, der zum Beispiel bei der Geschirrspülmaschine den Einschaltdruckknopf drückt. Dadurch öffnet sich das Wasserzufuhrventil, das ausgeschaltet wird, wenn der eingebaute Sensor meldet, daß die gewünschte Wasserhöhe im Spülbottich erreicht ist. Selbsttätig schaltet sich dann wiederum der nächste Programmschritt, zum Beispiel die Heizung für die Erwärmung des Wassers, ein.
Wir haben es also bei allen Steuervorgängen mit einem programmierbaren Ablauf zu tun, und dafür kann ein Mikroprozessor-System durchaus eingesetzt werden. Der Mikroprozessor lohnt sich allerdings nur dann, wenn es sich um eine ziemlich komplizierte Steuerung handelt. Man wird so zum Beispiel sicherlich nicht daran denken, die sehr einfache Steuerung eines elektrischen Brotrösters, bei dem es lediglich darum geht, den Strom wieder auszuschalten, wenn eine bestimmte Temperatur erreicht ist, mit einem Mikroprozessor zu bauen, und auch die derzeit in Gebrauch befindlichen Waschmaschinen arbeiten mit den jetzt üblichen elektromechanischen Steuerungselementen sehr zuverlässig. Im industriellen Bereich gibt es jedoch unzählige Steuerungsaufgaben, bei denen ganze Reihen von Relais und anderen Schaltelementen notwendig sind. Hier dürfte der Mikroprozessor bestimmt Vereinfachungs- und Verbilligungsmöglichkeiten bringen.
Mit dem Steuern verbunden sind oft Vorgänge der Regelung. Im technischen Sinn hat dieses Wort eine besondere Bedeutung, und der Ingenieur kann den Vorgang der Regelung leicht mit einer Formel beschreiben. Wir wollen es uns aber einfacher machen und ein Beispiel betrachten.
In jeder neueren Küche gibt es einen Bratofen, dessen Temperatur selbsttätig geregelt wird. An einem Schalter wählt die Hausfrau die gewünschte Back- oder Brattemperatur, und die *Regelung* sorgt dann dafür, daß diese Temperatur eingehalten wird. In der allereinfachsten Form besteht der Regelkreis nur aus dem Heizelement, das die gewünschte Temperatur zu erzeugen hat, aus einem Temperaturfühler, der ermitteln kann, welche Temperatur erreicht ist, und aus dem Schalter, der so gebaut ist, daß er das Heizelement so lange unter Strom setzt, solange die gewünschte und eingestellte Temperatur noch nicht erreicht ist. Ist dies der Fall, wird der Strom so lange abgeschaltet, bis durch Abkühlung die Temperaturgrenze wieder unterschritten ist, worauf die Heizung wieder eingeschaltet wird.

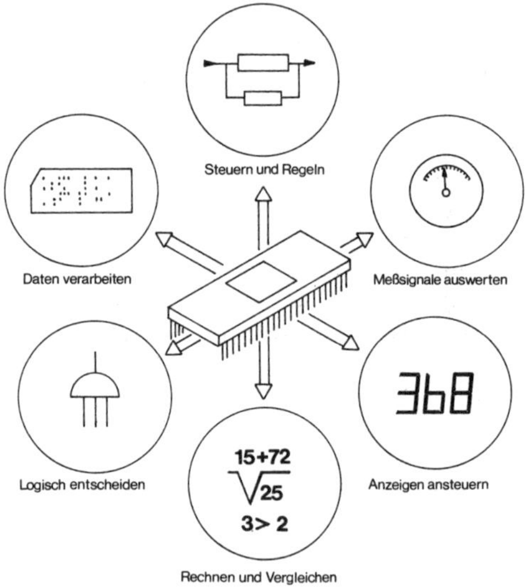

Abb. 17 Sechs Aufgaben, die ein Mikrocomputer erledigen kann

Bei technischen Anlagen und Einrichtungen verläuft der Regelvorgang meist nicht so einfach. Wenn man zum Beispiel die Drehzahl eines Motors auch bei wechselnder Belastung konstant halten will, so kann man ihn nicht, wenn er zu schnell läuft, ausschalten und dann wieder einschalten, wenn sich die Drehzahl entsprechend vermindert hat. Man muß in diesem Fall kontinuierlich regeln, das heißt den Regelmechanismus sofort etwas nachstellen, wenn die Drehzahl sich geringfügig verändert. Hierfür genügt also schon nicht mehr ein einfacher, einstellbarer Schaltkontakt, sondern es muß ein bestimmter technischer Aufwand getrieben werden, um die Geschwindigkeitsregelung gerade immer um so viel nachzustellen, wie die Drehzahl sich verändert hat.
Noch schwieriger wird die technische Aufgabe, wenn nicht nur eine konstante Drehzahl eingehalten werden soll, sondern wenn es zum Beispiel darum geht, zunächst langsam anzufahren, das heißt die Umdrehungszahl langsam zu steigern und dann erst mit konstanter Geschwindigkeit weiterzufahren. Hier wird also nach einem Programm geregelt, und damit haben wir wieder eine Aufgabe, die der Mikroprozessor hervorragend lösen kann.

Rechnen und Vergleichen

Was Rechnen ist, wissen wir alle, denn das haben wir schon auf der Grundschule gelernt. Wir kennen die vier Grundrechenarten: Addition, Subtraktion, Multiplikation und Division. Sicher haben wir auch noch von anderen Methoden des Rechnens, zum Beispiel der Prozentrechnung, dem Potenzieren oder gar von der Trigonometrie gehört. Der Mikroprozessor kann alles, was wir von ihm auf diesem Gebiet verlangen, aber nur, wenn wir ihn entsprechend vorher programmiert haben. Dabei hat er nur eine ganz bescheidene Rechenfähigkeit, denn er kann eigentlich nur addieren. Zum Glück haben aber schon viele Generationen von Mathematikern Formeln entwickelt, mit deren Hilfe praktisch alle anderen Rechenoperationen auf das Addieren zurückgeführt werden können, und so kann man beim Programmieren eines Mikrocomputers auf diese Formeln zurückgreifen.
So wird zum Beispiel eine Subtraktion durch Addition der Komplementärzahlen ersetzt und eine Multiplikation durch wiederholte Addition und Zählung der Anzahl der Additionen durchgeführt. Der Benutzer eines Mikrocomputers braucht sich keine Gedanken über diese mathematischen Methoden, Rechnungen auszuführen, zu machen. Er drückt an seinem Taschenrechner einfach den Knopf, der mit dem Malzeichen gekennzeichnet ist, und führt damit eine Multiplikation durch. Alles andere wurde vorher beim Programmieren des Mikroprozessor-Systems erledigt, wobei der Mikroprozessor eben auf die Aufgabe, Durchführung einer Multiplikationsrechnung, eingestimmt wurde.
In das Gebiet der Mathematik gehört auch das Vergleichen. Ein Mikroprozessor kann so programmiert werden, daß er eingegebene Zahlen miteinander vergleicht und zum Beispiel bei Gleichheit ein bestimmtes Signal abgibt. Diese Eigenschaft, Vergleiche sehr schnell durchführen zu können, wird zum Beispiel beim Ordnen von Zahlen und auch bei vielen anderen Aufgabenstellungen benutzt.

Daten sammeln und sortieren

Der Begriff *Elektronische Datenverarbeitung*, abgekürzt *EDV*, ist inzwischen auch bei Nichtfachleuten recht bekannt und dient heute als Sammelbegriff zur Erklärung aller Vorgänge, die mit Computern durchgeführt werden. Der Mikroprozessor ist, wie

wir schon gehört haben, das Herzstück eines Mikrocomputers, und so kann er selbstverständlich auch Daten elektronisch verarbeiten, wenn er entsprechend programmiert ist.
Wenn dies hier so einfach gesagt wird, so kann leicht die Frage kommen: Aber was sind denn eigentlich Daten?
Zunächst können Daten aus Ziffern bestehen, dann nennt man sie *numerisch*, oder es kann sich um Buchstaben und Ziffern handeln, dann nennt man sie *alphanumerisch*. Dabei wird es sich im allgemeinen jedoch nicht nur um reine Zahlen oder abstrakte Buchstaben handeln, sondern die Zahlen oder Buchstaben müssen irgendeine sinnvolle Bedeutung für den Benutzer des Computers haben, zum Beispiel eine fünfstellige Warennummer, eine sechsstellige Kundennummer und eine dreistellige Artikelgruppe oder den Code für eine Ware. Ein Computer kann natürlich auch reine Ziffern aufnehmen und sie rein mathematisch verarbeiten. Dies wäre aber dann keine Datenverarbeitung, sondern die Lösung von Rechenaufgaben.
Ein Computer kann zunächst einmal alles, was eingegeben ist, speichern und später mit Hilfe eines angeschlossenen Druckers wieder für das menschliche Auge sichtbar machen. Diese Speicherfunktion von Daten ist eine ganz wichtige Aufgabe für alle Computersysteme; sie kann auch mit Hilfe eines Mikrocomputers erfolgen, wobei allerdings die Speicherkapazität, je nach dem verwendeten System, begrenzt ist.
Ein Computer hat aber darüber hinaus noch die Möglichkeit, alle eingegebenen Daten vor der Verarbeitung noch zu verarbeiten. Man kann mit den eingegebenen Daten Rechenoperationen ausführen, zum Beispiel Summen bilden, oder man kann die Daten nach gewissen Gesichtspunkten ordnen und vieles andere mehr. Auf alle Fälle muß das, was mit den eingegebenen Daten geschehen soll, vorher im Programm festgelegt werden. Der Computer wird dann alle notwendigen Operationen in kürzester Zeit ausführen und dabei auf dem vorgegebenen Wege sehr, sehr viel schneller arbeiten, als es jedem menschlichem Gehirn möglich wäre.

Meßsignale auswerten und verarbeiten

Eine technische oder wirtschaftliche Tätigkeit ohne zumindest gelegentliches Messen ist nicht denkbar. Die Waage als ältestes Meßinstrument wurde bereits vor zehntausend Jahren verwendet. Eine Produktion, und sei es auch nur das Backen eines

Kuchens, ist ohne Meßinstrumente nicht möglich. Es ist verständlich, daß der Mikroprozessor auch für viele Vorgänge des Messens im weitesten Sinne Verwendung finden kann. Dabei muß der Mikroprozessor allerdings immer mit einem geeigneten Sensor, das heißt einem Meßfühler, zusammenarbeiten. Dieser Meßfühler wird selbstverständlich, wenn zum Beispiel eine Temperatur gemessen werden soll, ganz anders aussehen als in einem Taxi, in dem die zurückgelegte Wegstrecke zu bestimmen ist.

Der Mikroprozessor selbst kann also keinerlei Messungen vornehmen. Er ist aber bestens dafür geeignet, das vom Meßfühler oder einem anderen Gerät erzeugte elektrische Meßsignal auszuwerten und gegebenenfalls weiterzuverarbeiten.

Sehr einfach geht dies zum Beispiel bei dem Wegstreckenzähler eines Taxis. Dieses besitzt einen kleinen elektrischen Signalgeber, der bei jeder Umdrehung eines Rades einen kleinen elektri-

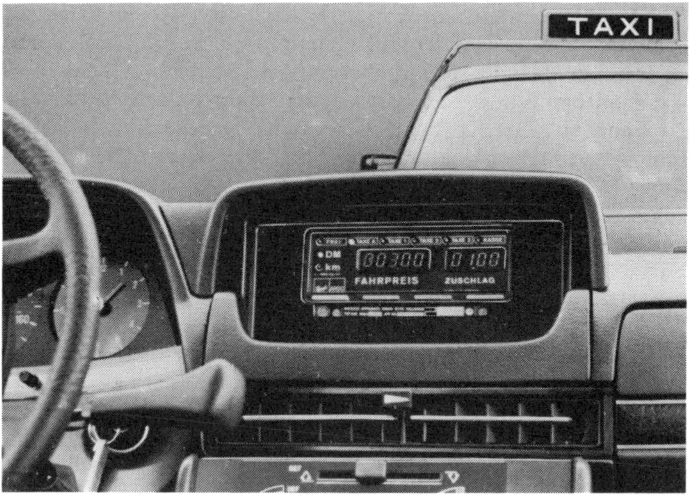

Abb. 18 Elektronischer Taxameter
Ein durch einen Mikroprozessor gesteuerter Taxi-Fahrpreisrechner besitzt keine mechanisch bewegten Teile, die der Abnutzung unterworfen sein könnten. Die Anzeigen sind klar und eindeutig. Die Summierung von Fahrpreis und Zuschlag erfolgt auf Knopfdruck. Bei Tarifänderung kann der elektronische Tarifspeicher in kürzester Zeit ausgewechselt werden. Die Summen aller ausgewiesenen Werte werden gespeichert.
(Werkfoto Kienzle Apparate GmbH, Villingen)

schen Impuls an das Auswertegerät gibt. Ein eingebauter Mikroprozessor kann die einzelnen Impulse zählen und das Ergebnis der Zählung in einer Anzeige sichtbar machen. Wenn der Mikroprozessor entsprechend programmiert ist, kann er zum Beispiel nach jeweils fünfzig Radumdrehungen den Fahrpreisanzeiger um 10 Pfennig weiterschalten, er kann aber auch, wenn der Umfang des Rades, an dem gemessen wird, 2,37 m beträgt, immer die Zahl der Radumdrehungen mit 2,37 malnehmen und dann die zurückgelegte Strecke in Metern zur Anzeige bringen.

Mit besonderem Vorteil werden Mikroprozessoren für die Auswertung von Meßergebnissen verwendet, wenn sich der anzuzeigende Meßwert nicht in so einfacher Weise von dem Ausgangssignal des Sensors oder des Meßwertgebers ableiten läßt wie in dem eben beschriebenen Beispiel. Mit Hilfe der Mikroprozessor-Technik ist es ohne weiteres möglich, auch komplizierte Zusammenhänge, wie man sagt, zu *linearisieren* und damit eine klare und eindeutige Aussage über den Meßwert zu machen. Man kann Meßwerte aufgrund von vorher bestimmten und im Programm des Mikrocomputer-Systems gespeicherten Tabellen umrechnen und damit korrigieren, wenn dies für den eingesetzten Zweck des Meßgerätes zweckmäßig erscheint. Immer wieder muß jedoch die Aufgabenstellung vorher klar definiert und im Programm festgelegt werden, denn auch hier kann der Mikroprozessor nur das tun, was ihm vorher gelehrt wurde.

Logische Entscheidungen fällen

Wenn wir über die Größe von Kindern sprechen, so gibt es drei Möglichkeiten. Entweder ist Max größer als Emil, oder Emil ist größer als Max, oder Emil und Max sind gleich groß. Wenn also tatsächlich Max größer als Emil ist, so ist nur diese eine Aussage wahr und die beiden anderen Aussagen sind falsch.

Ein Mikroprozessor ist, wenn er entsprechend programmiert wurde, in der Lage zu entscheiden, ob eine Aussage, also zum Beispiel ein Rechenergebnis, im Sinne der im Programm gegebenen Definition falsch oder richtig ist. Je nach der getroffenen Entscheidung kann er dann in seinem Programm in verschiedener Weise fortfahren. Wenn er zum Beispiel feststellen soll, ob eine bestimmte Bedienungstaste schon betätigt wurde, so kann man ihn so programmieren, daß er bei der Antwort »falsch«,

also »nein«, immer wieder die gleiche Taste abfragt, so lange, bis die Taste einmal gedrückt wird und damit die Antwort »wahr«, das heißt »ja«, zutreffend ist. Erst wenn er die richtige Antwort erhalten hat, geht der Mikroprozessor zum nächsten Programmschritt über.
Wir müssen also festhalten, daß der Mikroprozessor logische Entscheidungen fällen kann, aber nur nach vorgegebenen Kriterien, die im Programm bestimmt sein müssen.
Derartige logische Entscheidungen spielen in der gesamten Steuerungstechnik eine große Rolle. Immer wieder besteht die Aufgabe: »Wenn das und das geschehen ist, dann soll das und das erfolgen.« Es gibt zum Beispiel Geräte, die erst dann anlaufen sollen, wenn zwei Schalter betätigt worden sind. Das Gerät ist also erst eingeschaltet, wenn Schalter »1« und »2« eingeschaltet sind. Man nennt eine derartige Schaltung eine logische *Und-Verknüpfung*. Auf der anderen Seite gibt es Einrichtungen, die entweder durch den Schalter »1« oder durch den Schalter »2« einzuschalten sind. Eine derartige Schaltung nennt man eine logische *Oder-Verknüpfung*.
Es gibt eine besonder *Schalt-Algebra*, die die verschiedenen Möglichkeiten des Zusammenwirkens mehrerer Schaltelemente untersucht und darstellt. Mikroprozessor-Systeme sind in der Lage, die logischen Verknüpfungen der Schalt-Algebra darzustellen und ihre Bedingungen in ihrem Arbeitsablauf zu erfüllen. Auch hierbei handelt es sich um eine Programmsteuerung logischer Bedingungen, die in das Ablaufprogramm des Systems eingeschrieben werden kann.

Ansteuern von Ein- und Ausgabeeinrichtungen

Rein elektrische Vorgänge können wir mit unseren Sinnen nicht erfassen, es sei denn, die Ströme sind so groß, daß wir ihre Wirkung spüren. Ohne entsprechende Hilfsmittel haben wir also keine Möglichkeit zu erkennen, was in einem Computer vor sich geht, noch können wir ihm auf direkte Weise Befehle erteilen, was er tun soll. Zu jedem Computer gehören also für den Menschen bedienbare Eingabeeinrichtungen und für den Menschen verständliche Ausgabeeinrichtungen.
Was für den Großcomputer gilt, ist natürlich auch für einen Computer mit einem Mikroprozessor als Zentraleinheit notwendig. Bei entsprechender Programmierung ist nun der Mikroprozessor in der Lage, Ein- und Ausgabegeräte anzusteu-

ern und so den Verkehr des Menschen mit dem Computer zu ermöglichen.
Bei einem Mikrocomputer werden im allgemeinen Tastenfelder, zum Beispiel die Drucktasten eines Fahrstuhls oder die Tasten einer elektrischen Schreibmaschine, für die Eingabe verwendet. Auf diese Weise gibt man in das System diejenigen Daten ein, die der Computer verarbeiten soll. Mit anderen Tasten kann man wiederum zunächst den Startbefehl für das Arbeiten des Computersystems geben, man kann einzelne Teile des Programms abrufen, und man kann auch wieder die Arbeit beenden. Die Eingabe von Daten oder anderen variablen Werten kann natürlich außer durch den Menschen auch wieder durch ein Gerät erfolgen, wenn der Computer so programmiert ist, daß er die Sprache dieses Gerätes, das heißt den Code, in dem die Eingabe erfolgt, versteht.
Aber wir müssen auch das Ergebnis der Arbeit des Computers erfahren, und hierzu dient die Ausgabe. Bei Mikrocomputersystemen werden häufig Leuchtziffern und Leuchtbuchstaben angesteuert, die wir dann ablesen können. Das System dieser Anzeigen ist von den Taschenrechnern gut bekannt. Man gebraucht dafür oft die englische Bezeichnung DISPLAY. Wenn es erwünscht ist, die Ergebnisse in schriftlicher Form zu erhalten, können Drucker angesteuert werden. Hierfür sind die jetzt vielfach im Gebrauch befindlichen elektronischen Tischrechner ein gutes Beispiel.
Noch nicht so weit verbreitet, aber mit Hilfe eines Mikroprozessors ohne weiteres möglich ist die Ausgabe von gespeicherten oder verarbeiteten Daten in Schriftform auf einem Fernsehschirm.
Für alle Ein- und Ausgaben ist es notwendig, im Mikrocomputer ein bestimmtes Programm zu speichern, durch das die elektronischen Vorgänge für uns Menschen sichtbar und verständlich gemacht werden. Diese Eigenschaft des Mikroprozessors, für uns sonst nicht erfaßbare Vorgänge oder Zustände nicht nur sichtbar, sondern sogar leicht lesbar zu machen, dürfte der neuen Technik eine Fülle von neuen Anwendungsgebieten erschließen. Der Fachmann kann bereits erkennen, daß die *digitale* Darstellung von Ziffern die *Analoganzeigen* weitgehend verdrängen wird.
Die meisten Meß- und Anzeigegeräte arbeiten heute noch mit einer analogen Ablesung. Diese besteht im allgemeinen aus einer Skala, mit Teilstrichen, von denen einige beziffert sind, und aus einem Zeiger, an dessen Spitze der anzuzeigende Wert

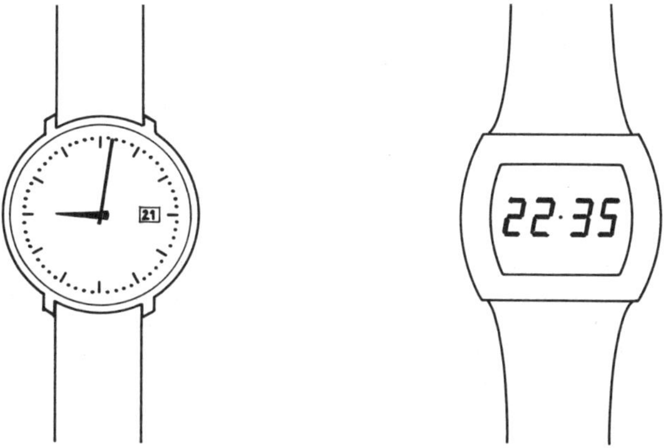

Abb. 19 Analog – Digital.
Am besten läßt sich der Unterschied zwischen einer Analog- und einer Digitalanzeige beim Betrachten einer Armbanduhr mit Datum erkennen. Der Zeiger stellt eine Analoganzeige dar, bei dem man an der Spitze zwischen den Minutenstrichen auf dem Zifferblatt auch noch Zwischenwerte, zum Beispiel halbe Minuten, schätzen kann. Demgegenüber erlaubt die Digitalanzeige des Datums nur die Ablesung der in Ziffern dargestellten Zahl.

abzulesen ist. Wir kennen die Analoganzeige alle von unserer Uhr, wo auch nur die Stunden beziffert sind und die Minuten durch Abzählen der dazwischenliegenden Teilstriche zu ermitteln sind. Das Kennzeichnende einer Analogskala ist es, daß man auch noch die Zwischenintervalle zwischen zwei Teilstrichen durch Schätzen aufteilen kann. So sind zum Beispiel auch bei einer Uhr ohne Sekundenzeiger die halben Minuten noch einigermaßen zuverlässig abzulesen.
Zum Unterschied davon besitzt eine Digitalanzeige nur Ziffern zur Darstellung des anzuzeigenden Wertes. Die letzte Stelle der Anzeige springt also von einem Ziffernwert auf den anderen, und die Schätzung von Zwischenwerten ist nicht möglich. Dafür ist eine Digitalanzeige für den Ungeübten leichter und irrtumsfreier abzulesen, so daß sie bei Meßinstrumenten, Waagen und ähnlichen Geräten immer mehr Bedeutung gewinnt. Der Mikroprozessor ist hervorragend geeignet, Digitalanzeigen anzusteuern und somit den Bedienungskomfort auch bei solchen Geräten zu verbessern, bei denen eigentlich wegen der verhältnismäßig einfachen technischen Aufgabe die Verwendung eines Mikroprozessors an sich noch nicht notwendig wäre.

Wen berührt die Mikroprozessor-Technik?

Man hat die Einführung der Mikroelektronik und insbesondere des Mikroprozessors in die Technik des Alltags als eine der bedeutendsten technischen Entwicklungen dieses Jahrhunderts bezeichnet, und die Prognosen lassen in der Tat erwarten, daß wir alle in der einen oder anderen Form in den nächsten Jahren von der Auswirkung dieser Entwicklung berührt werden. Normalerweise interessiert eine neue Entwicklung in erster Linie die Fachleute des betreffenden Gebietes. Schon jetzt kann man aber erkennen, daß die Mikroprozessor-Technik nicht nur bei den Elektronikern Interesse findet. Tages- und Wirtschaftszeitungen beschäftigen sich mit dem »neuen elektronischen Wunder«, und immer mehr Menschen aus den verschiedensten Berufen verfolgen die neueste technische Entwicklung, um für die Zukunft gewappnet zu sein.

Wer muß sich nun insbesondere mit der Problematik dieser neuen Entwicklung befassen? In erster Linie natürlich alle Techniker und Ingenieure, denn es ist ihr Beruf, neue Erfindungen sinnvoll anzuwenden. Aber auch alle Kaufleute, die im Vertrieb von technischen Geräten oder in der Leitung von Unternehmen tätig sind, werden sich die Frage stellen müssen, ob ihre Tätigkeit in irgendeiner Form von der neuen Technik berührt wird. Nicht zuletzt muß auch der Staat an die Zukunft seiner Bürger denken, und so werden die Politiker in Zusammenarbeit mit Soziologen (und vielleicht auch Pädagogen) Überlegungen anstellen müssen, wie sich die Möglichkeiten, die sich durch die technische Entwicklung ergeben, zum Wohl der Bürger nutzen lassen und wo vielleicht Gefahren für den einzelnen oder das Gemeinwesen bestehen.

In folgendem soll versucht werden, einige der Gesichtspunkte aus dem Blickwinkel verschiedener Berufsgruppen zu untersuchen.

Wer vor dem Zweiten Weltkrieg ein Studium der Elektrotechnik abgeschlossen hat, wird auf der Hochschule kaum etwas von dem Wissensgebiet, das wir heute als Elektronik bezeichnen, gehört haben. Die Elektronik ist also eine junge Wissenschaft, und die Elektroniker sind meist noch junge Leute. Sie sind gewohnt, auch nach dem Abschluß ihrer Ausbildung immer wieder Neues zu lernen und sich selbst das Wissen über neue technische Entwicklungen zu erarbeiten. Als die erste Kunde von dem neuen elektronischen Baustein, genannt Mikroprozessor, über den Ozean zu uns nach Europa herüberkam, gab es nur sehr spärliche amerikanische Veröffentlichungen, und mancher Elektroniker hat damals Tage und Nächte darüber gegrübelt, was nun eigentlich dahintersteckt.

Für den Elektroniker bedeutet die Mikroprozessor-Technik zunächst einmal lernen. Er muß sich in neue technische Methoden einarbeiten und muß möglicherweise auch bisher liebgewordene Arbeitsmethoden aufgeben. Das Stichwort heißt »Software statt Hardware«.

Wer schon irgendwann einmal etwas mit der Computertechnik zu tun hatte, kennt die Begriffe *Hardware* und *Software*. Unter Hardware versteht man all das, was man anfassen kann, also die Teile des Computers selbst, die Ein- und Ausgabe-Einrichtungen, die Speichermedien und alles, was an elektrischen und elektronischen Bauteilen dort eingebaut ist.

Aber was ist nun die Software? Das ist nicht so ganz einfach zu erklären. Ein Computer ohne Software ist nur leblose Materie, die keinerlei nützliche Dienste leisten kann. Software ist also ein Sammelbegriff für alles, was mit dem Programmieren des Computers zusammenhängt. Nur durch das vom Menschen erdachte und dem Computer eingegebene Programm wird dieser wiederum für uns Menschen nützlich, und nur das Programm erlaubt es ihm, uns bei der Denkarbeit zu unterstützen.

Wenn nun in der Mikroprozessor-Technik der Grundsatz gilt: »Mehr Software als Hardware«, so bedeutet dies für den Elektroniker, der ein neues Gerät entwickelt, daß er nicht wie bisher allein die elektronischen Bauelemente miteinander kombinieren und zusammenschalten muß, um gewisse gewünschte Funktionen zu erreichen, sondern er wird sich des schon entwickelten Bausteins Mikroprozessor bedienen und, soweit möglich, die gewünschte Arbeitsweise des Geräts durch eine Folge von Programmbefehlen verwirklichen. Dies erfordert ein erhebliches

Umdenken der Entwicklungsingenieure, die meist die Kunst des Programmierens völlig neu lernen müssen.
Im ganzen gesehen dürfte es jedoch für Elektroniker, die ihren Beruf lieben und beherrschen, keine Schwierigkeit bedeuten, sich auch der Mikroprozessor-Technik anzupassen und deren Vorteile zu erkennen und auszunutzen.

Techniker und Ingenieure

Ganz besonders betroffen von den Möglichkeiten der neuen Mikroprozessor-Technik dürften in Zukunft alle Techniker und Ingenieure sein, die sich bisher im wesentlichen nur mit Aufgaben der Mechanik befaßt haben. Es ist bereits jetzt schon, am Anfang der Entwicklung, zu erkennen, daß viele Bauelemente der Mechanik durch elektronische Funktionen eines Mikroprozessor-Systems ersetzt werden können. Zudem werden manche mechanische Bauelemente im Zusammenwirken mit einem Mikroprozessor ganz anders aussehen, als es jetzt bei rein mechanischer Funktion der Fall ist.
Dies bedeutet also, daß sich jeder Ingenieur zumindest mit den Grundzügen der Mikroprozessor-Technik befassen muß, um beurteilen zu können, ob die neue Technik auch für sein Arbeitsgebiet anwendbar ist. Schon jetzt werden Bauelemente der Mechanik vielfach mit elektrischen Betätigungsgliedern versehen, und es gibt bereits den Begriff der Elektromechanik. In Zukunft wird man sicherlich vielfach auf die Kombination von Elektronik und Mechanik stoßen. Dies muß jeder Ingenieur bei Neuentwicklungen berücksichtigen.
Bei der ersten Neuentwicklung von Geräten, die mit Mikroprozessoren arbeiten, zeigt sich bereits, daß der Phantasie eines Entwicklungsingenieurs fast keine Grenzen gesetzt sind. Er kann jetzt Aufgaben mit dem neuen Gerät so quasi nebenbei erfüllen, an die er früher überhaupt nicht zu denken wagte. Es kommt im Gegenteil bei der Entwicklung darauf an zu erkennen, welche Funktionen für den Benutzer des Gerätes noch zusätzlich sinnvoll sein könnten oder wie man die Bedienung noch einfacher oder komfortabler gestalten könnte. Wenn einmal ein Mikroprozessor in der elektronischen Schaltung vorgesehen ist, kann er meist ohne großen Zusatzaufwand noch mehr Aufgaben übernehmen, als im ursprünglichen Konzept der Entwicklungsbeschreibung vorgesehen waren.
Der Entwicklungsingenieur der Zukunft muß sehr beweglich und vielseitig sein. Er wird Erfolg haben, wenn er über sein engeres Fachgebiet hinaus laufend beobachtet, was an anderer

Stelle mit der neuen Technik entwickelt wird, und dann richtig beurteilt, was für ihn übernehmenswert ist. Wir alle werden schon jetzt mit einer Informationsflut überschüttet, die uns fast verzagen läßt. Trotzdem muß sich auch der mechanische Ingenieur bis zu einem gewissen Grade mit der Elektronik und insbesondere der Mikroprozessor-Technik befassen, wenn er die Aufgaben seines Berufes auch in der Zukunft erfüllen will.

Kaufleute

Zukunftsforscher der Mikroelektronik-Branche rechnen damit, daß 50 Prozent des Absatzes in den achtziger Jahren in Geräte und Erzeugnisse eingebaut werden, die heute überhaupt noch nicht erfunden sind. Wenn man darüber nachdenkt, was diese Aussage bedeutet, so wird man sich erst der Herausforderung klar, die die neue Technik für alle im Wirtschaftsleben Tätigen bedeutet. Neue Geräte müssen ja nicht nur erfunden, sondern auch produziert und nicht zuletzt auch vermarktet und verkauft werden. Das aber kann nur dann für den einzelnen nutzbringend und für die Gemeinschaft sinnvoll sein, wenn die Marktverhältnisse, das heißt der Bedarf, vorher richtig eingeschätzt wurden. Der Kaufmann, dessen Aufgabe es ist, den Markt zu beobachten und zu erschließen, spielt also eine wichtige Rolle auch bei der Entwicklung neuer Geräte, die sich der Mikroprozessor-Technik bedienen. Er muß also auch, zumindest in großen Zügen, Bescheid wissen, was ein Mikroprozessor kann und wofür er einzusetzen ist.

Impulse für Neuentwicklungen gehen bekanntlich sehr oft von der kommerziellen Seite aus, denn dort werden die Wünsche der Kunden zuerst gehört. Die Mikroprozessor-Technik bietet die Möglichkeit, viel mehr Kundenwünsche zu erfüllen als bisher. Im wirtschaftlichen Wettbewerb wird derjenige Erfolg haben, der diese Kundenwünsche zuerst erkennt und am schnellsten verwirklicht. Eine gewisse Kenntnis der technischen Zusammenhänge dürfte dabei sicherlich mithelfen, die richtigen Entscheidungen zu fällen.

Der für die Geschicke einer Firma mitverantwortliche Kaufmann muß aber auch die Gefahren der neuen Entwicklung kennen. Die Struktur eines Betriebes kann sich durch den Übergang zu neuen Erzeugnissen, die mit Mikroprozessoren arbeiten, völlig verändern. Die mechanische Fertigung wird abnehmen, ein Teil der Werkzeugmaschinen, die vielleicht noch lange nicht amortisiert sind, wird nicht mehr gebraucht werden, und es entsteht das Problem der Umschulung des Personals. Auf der

Abb. 20 Durch einen Mikroprozessor gesteuerte Waschmaschine. Das Eindringen des Mikroprozessors auch in die Konsumelektronik bedeutet nicht nur eine Verbesserung und Erleichterung der Bedienung, sondern erlaubt auch eine zusätzliche Funktion. So wird die Unwucht beim Schleudern elektronisch überwacht, so daß die Maschine sicher mit höherer Schleuderdrehzahl laufen kann. Die Platzeinsparung bei der Steuerung erlaubt es, zusätzlich einen Tank mit automatischer Dosierung für das Weichspülmittel einzubauen. (Werkbild: Miele.)

anderen Seite muß vielleicht eine ganz neue Entwicklungsabteilung, die die Mikroprozessor-Technik beherrscht, aufgebaut werden. Diese vielfältigen Probleme der Umstrukturierung fordern auch bei denjenigen, die sonst nichts mit der Technik zu tun haben, zumindest ein gewisses Grundwissen über den Mikroprozessor. Richtige Entscheidungen kann man nur dann treffen, wenn man die Problematik in groben Zügen selbst beurteilen kann. In vielen Branchen wird es sich lohnen, alle möglichen Entwicklungen vorausdenkend abzuschätzen, um nicht eines Tages durch eine an anderer Stelle gelaufene Entwicklung unangenehm überrascht zu werden.

Wir alle haben in der jüngsten Vergangenheit miterlebt, wie sich die Struktur ganzer Branchen durch den Ersatz der Mechanik durch die Elektronik verändert hat. Niemand hat damals wohl voraussehen können oder voraussehen wollen, daß zum Beispiel die mechanische Rechenmaschine praktisch innerhalb eines Zeitraumes von fünf Jahren sang- und klanglos sterben würde. Heute befindet sich die Uhrenbranche in einer Umstrukturierung. Wer wird es morgen sein?
Nur die Kenntnis der Dinge schützt vor bösen Überraschungen. Der Mikroprozessor ist eine Entwicklung, deren Auswirkungen heute noch niemand übersehen kann, und so sollte auch gerade der Nichttechniker darüber nachdenken und nicht nur immer alles den Fachleuten überlassen.

Politiker

Wer in der Politik tätig ist, darf sich nicht nur mit der Gegenwart befassen, sondern muß vorausschauend zu ergründen versuchen, welche zukünftigen Entwicklungen den Staat beeinflussen werden. In diesem Sinne hat jedes Ministerium entsprechende Stabsabteilungen, die die Entwicklungstendenzen auf der ganzen Welt beobachten und mögliche Auswirkungen untersuchen.
Für den weiten Bereich der Technik ist in der Bundesrepublik Deutschland das Bundesforschungsministerium zuständig, und so hat man dort bereits auch frühzeitig die Chancen und Gefahren, die die Mikroprozessor-Technik für uns bringen kann, erkannt. In einer Reihe von Veranstaltungen wurde die neue Technik der deutschen Industrie bekanntgemacht. Da die Vereinigten Staaten wegen der riesigen finanziellen Mittel, die für das Weltraumprogramm zur Verfügung standen, einen erheblichen Vorsprung bei der Entwicklung und Produktion von Bausteinen der Mikroelektronik besitzen, hat man jetzt auch in der Bundesrepublik Deutschland für dieses Arbeitsgebiet Forschungsmittel zur Verfügung gestellt, um der einschlägigen deutschen Industrie den Anschluß an die technische Entwicklung zu erleichtern.
Die zuständigen Politiker müssen sich aber dabei auch völlig im klaren darüber sein, daß die Einführung der Mikroprozessor-Technik für die betreffenden Branchen und Betriebe nicht nur Vorteile, sondern auch Gefahren bringt. Die Gefahren werden desto größer, je weniger die eigenen Kenntnisse entwickelt sind; denn nur wer weiß, was auf ihn zukommt, kann vorausschauend richtig reagieren. Das weite Gebiet der Aufklärung und

Schulung hat also neben der eigentlichen Forschung einen hohen Stellenwert.
Der Politiker muß sich aber auch mit den Folgen einer möglichen Umstrukturierung einzelner Betriebe oder gar ganzer Branchen durch den Einsatz der Mikroprozessor-Technik beschäftigen. Der Ersatz von Mechanik durch Elektronik kann zu einem Problem auf dem Beschäftigungssektor werden, wenn nicht für einen schrittweisen Übergang mit Umschulungsmaßnahmen und dem gleichzeitigen Schaffen neuer Arbeitsplätze durch die Entwicklung neuer Produkte gesorgt wird.
Im Augenblick kann noch niemand voraussehen, wie schnell die Umstrukturierung in den einzelnen betroffenen Branchen vor sich gehen wird. Die von Wissenschaftlern erstellten Gutachten haben sich zum Teil als zu pessimistisch erwiesen. Auf der anderen Seite stehen wir noch lange nicht am Ende der Entwicklung neuer Bausteine der Mikroelektronik, so daß Überraschungen sicherlich nicht ausbleiben werden.
Die verantwortlichen Politiker brauchen sich wohl nicht mit den Einzelheiten der Mikroprozessor-Technik zu befassen. Sie sollten aber doch versuchen, ein gewisses Gefühl dafür zu bekommen, was alles auf uns zukommen kann. Dazu ist es wiederum notwendig, zumindest in Grundzügen zu wissen, was ein Mikroprozessor ist und wie er arbeitet.

Soziologen

Nicht die Erfindung, sondern die allgemeine Verbreitung von Motoren und ihre Benutzung als Ersatz körperlicher Arbeit haben dazu beigetragen, die soziologische Struktur bei den Völkern, die sich dieser Arbeitshilfen verstärkt bedienen, zu verändern. Motoren, das heißt Arbeitsmaschinen der verschiedensten Art, haben die Kraft menschlicher und tierischer Muskeln in den entwickelten Industrieländern weitgehend ersetzt, was für das Sozialverhalten der Menschen in diesen Ländern weitreichende Folgen hat.
Bahnt sich nun eine ähnliche Entwicklung auf dem Gebiet der geistigen Arbeit durch Mikroprozessor-Technik an?
Ein Computer wird als Denkmaschine oder Elektronengehirn bezeichnet. Mögen diese Ausdrücke auch übertrieben sein, so steckt doch eine gewisse Wahrheit darin. Ein Computer kann zwar nur so weit selbsttätig denken, wie es ihn ein menschliches Gehirn vorher gelehrt hat. Er kann also niemals das mensch-

liche Gehirn ersetzen, aber er kann es in vieler Hinsicht entlasten. Wir wissen schon, daß er schneller rechnen kann und daß er eine zeitliche unbegrenzte Speicherfähigkeit für Zahlen und Daten besitzt.
Das Besondere in der neuen Entwicklung, die mit den jetzt zur Verfügung stehenden Mikroprozessor-Bausteinen erst begonnen hat, besteht nun darin, daß ein Computer in Zukunft nicht mehr viele hunderttausend Mark kostet, sondern praktisch für jeden erschwinglich sein wird. Jedermann wird sich der Hilfe des Computers bedienen können und in der Lage sein, sich durch diesen von der Routinetätigkeit zu entlasten. Niemand kann wohl jetzt schon voraussehen, wie sich dies auf das Zusammenleben mit unseren Mitmenschen auswirken kann. Wird unser Leben ärmer, wenn wir uns auch geistig nicht mehr besonders anzustrengen brauchen? Werden wir zu anderen Formen geistiger Arbeit kommen, wenn das Lernen in gewissem Umfang nicht mehr notwendig sein wird? Eine Antwort auf diese Fragen gibt es heute noch nicht, denn es ist überhaupt noch nicht zu übersehen, was durch die neue Technik in Zukunft noch alles möglich sein wird. Sicherlich werden auch noch eine Menge weiterer Fragen auftauchen, und so sollten auch diejenigen, die berufen sind, sich mit den Fragen des Zusammenlebens der Menschen zu beschäftigen, die Weiterentwicklung der Technik, die man niemals zurückdrehen kann, nicht vergessen.

Pädagogen

Die Benutzung von Taschenrechnern, des ersten auf dem Markt erschienenen Geräts der Mikroprozessor-Zeit, ist in den Schulen für gewisse Fälle schon erlaubt. Man geht zunächst wohl davon aus, daß der Rechner nur von den Schülern benutzt werden soll, die das einfache Rechnen im Kopf schon beherrschen.
Das Kind soll also entsprechend den jetzigen Lehrplänen noch im Kopf rechnen lernen, wobei aber auch jetzt schon das große Einmaleins nur noch symbolisch gelehrt wird. Es gibt aber bereits auf der Basis eines Mikroprozessors gebaute kleine Taschenrechner für Schulanfänger, die als Lehrgeräte konzipiert sind. Bei ihnen wird das Ergebnis einer Rechnung nicht sofort angezeigt, sondern es muß neben der Aufgabe auch das Ergebnis eingetastet werden. Das Gerät meldet dann, ob der Schüler die Aufgabe richtig gelöst hat oder nicht. Das Kind lernt also schon im frühen Alter elektronische Geräte bedienen und

wird sehr bald erkennen, daß diese ihm auch gewisse Denkarbeiten abnehmen können. Werden sich diese Erkenntnisse auch in der Pädagogik durchsetzen?

Es ist schon jetzt ein allgemein beklagter Zustand, daß die Fähigkeit zum Kopfrechnen bei Kindern und Erwachsenen nachgelassen hat. Während früher noch jeder Verkäufer in der Lage sein mußte, den Preis einer abgewogenen Ware im Kopf auszurechnen, nimmt ihm dies heute die preisrechnende Waage ab, und die neuen Kassen sind heute so gebaut, daß sie der Bedienung das rückzugebende Wechselgeld anzeigen. Additionen werden in keinem kaufmännischen Betrieb mehr im Kopf durchgeführt, sondern nur noch in eine Maschine eingetastet. Sollte man nicht darüber nachdenken, was die Kinder jetzt lernen müssen, um auch auf die Aufgabe der Zukunft vorbereitet zu sein?

Es ist aber auch nicht ausgeschlossen, daß die Mikroprozessor-Technik direkt beim Lernen, das heißt beim Erwerben von Fähigkeiten, helfen wird. Die vor einigen Jahren auf den Markt gekommenen »Lernmaschinen« haben sich nicht durchsetzen können, weil sie doch noch recht unvollkommen beziehungsweise teuer waren. Die Mikroprozessor-Technik gibt die Möglichkeit, sehr komfortabel ausgestattete und trotzdem billige Hilfsmittel für den Unterricht zu schaffen und so in vielen Fällen das Selbststudium zu fördern.

Ganz besonders ist hier an das Lernen der Vokabeln beim Sprachstudium zu denken, eine bei Schülern nicht gerade beliebte Tätigkeit. Der Mikroprozessor hat es möglich gemacht, ein ganzes Wörterbuch in einem Kleinstcomputer zu speichern, der nicht größer ist als ein Taschenrechner. Das kleine Gerät, Langenscheidts Elektronisches Wörterbuch, kann zur Hilfe bei Übersetzungen aus der fremden Sprache ins Deutsche oder umgekehrt benutzt werden. Vor allem dient es aber auch als Lernhilfe und zur Wissensprüfung. Der Computer kann abfragen, ob der Lernende die Übersetzung der gespeicherten Worte beherrscht, und dies so oft wie notwendig wiederholen, wodurch ohne Zweifel ein guter Lerneffekt erzielt wird. Langenscheidts Elektronisches Wörterbuch alpha 8 gibt es derzeit für die Sprachen Englisch, Französisch, Italienisch, Spanisch und Lateinisch – weitere Sprachen sind in Vorbereitung.

Es dürfte darum durchaus zweckmäßig sein, wenn sich all diejenigen, die sich mit Erziehungsfragen und der Weiterentwicklung von Lehr- und Lernmethoden befassen, auch auf dem Gebiet des Mikroprozessors umsehen und diesen in ihre Überlegungen mit einkalkulieren.

Ein Mikroprozessor und hochintegrierte Speicherbausteine erlauben die Speicherung von über 8000 Worten in Langenscheidts Elektronischem Wörterbuch alpha 8, einem Lern- und Übersetzungscomputer, der nicht größer ist als ein kleiner Taschenrechner.

Uns alle

Wenn in den vorangegangenen Ausführungen einige spezifische Berufsgruppen herausgegriffen wurden, für die die Mikroprozessor-Technik interessant ist oder werden könnte, so ist diese Aufstellung keineswegs erschöpfend. Immer müssen wir daran denken, daß der größte Teil der Geräte, in die ein Mikroprozessor eingebaut sein wird, überhaupt noch nicht erfunden ist. Dies ist doch eigentlich für jeden, der schöpferisch tätig ist, eine Herausforderung, selbst darüber nachzudenken, was noch erfunden werden kann. Grenzen für diese Entwicklung sind bisher nicht zu erkennen, und so kommt es nur darauf an, etwas Gutes daraus zu machen, die Vorteile auszunutzen und Nachteile zu vermeiden.

Wo können Mikroprozessoren verwendet werden?

Etwa seit 1974 sind Mikroprozessor-Systeme, in nennenswerter Anzahl eingebaut in verschiedene Geräte und Einrichtungen, auf dem Markt. Einige Jahre danach waren sicherlich schon mehrere Millionen im Einsatz. Wenn jetzt im folgenden versucht wird zu beschreiben, wo die Verwendung von Mikroprozessoren möglich erscheint, so können sich dabei Anwendungsfälle befinden, die beim Erscheinen dieses Buches schon verwirklicht sind, und auch solche, für die der Markt vielleicht noch nicht reif ist.
Die Verwirklichung von an sich technisch durchaus durchführbaren Ideen in der Praxis ist oft von so vielen nicht in der Technik begründeten Überlegungen abhängig, daß es fast unmöglich ist, genaue Prognosen zu geben, wann sich der Markt für eine Neuerung öffnen wird. Auf der anderen Seite reicht die Phantasie eines einzelnen nicht aus, vollständig zu beschreiben, was andere vielleicht noch entwickeln oder erfinden werden. So können die folgenden Ausführungen auch keinesfalls eine vollständige Übersicht über die Möglichkeiten der Verwendung von Mikroprozessoren geben, sondern immer nur charakteristische Beispiele aus den verschiedenen Anwendungsgebieten beschreiben.

Datenverarbeitung und Computertechnik

Mikroprozessoren werden als Zentraleinheiten für kleinere Computer verwendet, und es ist nicht ausgeschlossen, daß aus der Verbindung mehrerer Mikrocomputer in einem System Computer entstehen werden, die heutigen Großcomputern in der Leistung ebenbürtig sind.
Mikroprozessor-ähnliche Bauelemente werden jetzt noch verwendete Bauteile auch bei den Großcomputern ersetzen, oder sie werden dort Teilaufgaben übernehmen. Großcomputer werden dadurch äußerlich kleiner, aber trotzdem leistungsfähiger werden. Trotzdem wird aber wohl doch ein Unterschied

zwischen den echten Großcomputern und den immer leistungsfähiger werdenden Mikrocomputern bestehen bleiben.
Eine erhebliche Rolle wird der Mikroprozessor auch in Zukunft bei den peripheren Geräten der Datenverarbeitung, worunter man die an einen Computer angeschlossenen Geräte wie Drucker, Bildschirm, Bandspeicher usw. versteht, spielen. Auch für die sogenannte »verteilte Intelligenz« werden Mikroprozessoren in vielfältiger Weise zum Einsatz kommen.
In den Anfängen der Computertechnik bestand eins der immer wieder auftretenden Probleme darin, die vielfältig anfallenden Daten zunächst einmal in das Computersystem einzugeben. Man kennt aus dieser Zeit die Säle, in denen reihenweise Locherinnen damit beschäftigt waren, die in geschriebenen Belegen vorliegenden Zahlen in Lochkarten zu stanzen. Heute versucht man, wo es nur immer geht, diese sehr arbeitsaufwendige Art der Dateneingabe zu vermeiden und die Daten bereits an der Entstehungsstelle computergerecht, das heißt auf einem Speichermedium, das der Computer selbst lesen kann, zu erfassen. Vielfach verwendet man auch spezielle *Datenerfassungsgeräte*. Es sind *Belegleser* im Einsatz, die geschriebene oder gedruckte Schrift lesen können und die Daten in eine vom Computer verarbeitbare Form umwandeln. Alle geschilderten Geräte für die Datenerfassung benötigen zur Zeit noch sehr umfangreiche elektronische Einrichtungen für die Steuerung der Anlage, für die Umkodierung und für die Speicherung, die mit Sicherheit schon in allerkürzester Zeit durch Mikroprozessor-Systeme ersetzt werden.
Da für diesen Fall Mikroprozessor-Systeme sehr viel billiger sind als herkömmliche Elektronik, wird man in Zukunft wohl mit sehr viel mehr dezentralisierter Datenerfassung arbeiten, als es jetzt möglich ist. Dies bedeutet aber zugleich auch eine erhebliche Beschleunigung der Datenverarbeitung als ganzes, so daß wiederum auch die Ergebnisse schneller zur Verfügung stehen werden.
Noch interessanter und für den Anwender nutzbringender wird die elektronische Datenverarbeitung, wenn auch die Ausgabe der Daten dezentralisiert wird. Es ist bekannt, daß jeder Computer in der Lage ist, riesige Mengen von bedrucktem Papier zu liefern, und jeder, der einmal gezwungen war, diese Computerlisten auszuwerten, weiß, wie mühsam dies ist. Sehr viel wirkungsvoller kann die Fähigkeit eines Computersystems, Daten zu speichern und zu verarbeiten, eingesetzt werden, wenn diejenigen, die mit den Daten zu tun haben, in die Lage versetzt

werden, unmittelbar mit dem Computer zu verkehren, das heißt, Fragen an ihn zu stellen und dort gespeicherte Daten abzurufen. Für diesen Zweck verwendet man heute *Datenterminals*, die meist aus einem Fernsehschirm und einer Tastatur bestehen. Mit Hilfe der Tastatur kann man die Fragen an den Computer stellen und die Antworten auf dem Fernsehschirm lesen. Die Mikroprozessor-Technik erlaubt es, diese Terminals mit einer gewissen eigenen Intelligenz zu versehen und dadurch den Zentralcomputer zu entlasten.

Bestimmte Rechen-, Speicher- oder Sortiervorgänge können also bereits im Terminal durchgeführt werden, und es werden dann nur noch die Ergebnisse als *verdichtete Daten* an den Hauptcomputer gemeldet.

Die Bausteine der Mikroelektronik werden bereits in großer Anzahl in allen modernen Computern und dazugehörigen Peripheriegeräten verwendet, ohne daß dies so ohne weiteres für den Benutzer erkennbar ist. Sie erfüllen dort immer bestimmte Teilaufgaben und ermöglichen es den Computerherstellern, immer größere Leistung auf immer kleinerem Raum anzubieten.

Prozeßüberwachung und Steuerung

In der Technik versteht man im allgemeinen unter einem *Prozeß* den Ablauf der Herstellung eines Produktes. Im allgemeinen wird er sich aus verschiedenen Herstellungsvorgängen, die nach einem ganz bestimmten Modus in richtiger Weise nacheinander ablaufen müssen, zusammensetzen.

In den Anfangszeiten der Technik wurde jeder Prozeß allein durch den Menschen, das heißt durch menschliche Bedienung und menschliche Intelligenz, gesteuert. Der Bäcker wiegt die verschiedenen Materialien zur Brotherstellung ab, wobei er oft das Rezept im Kopf hat. Er weiß, wie lange er den Teig kneten muß. Er beurteilt die Hitze des Backofens und kennt die richtige Backzeit aufgrund seiner Erfahrung.

Mit dem Beginn der industriellen Erzeugung ergab sich immer mehr die Notwendigkeit, Prozesse auch unabhängig von der menschlichen Intelligenz zu steuern und zu lenken. Die erste Stufe dieser Entwicklung war es, daß man Meßgeräte und Sensoren einsetzte, um den augenblicklichen Zustand in einem Prozeß zu messen. Man kann zum Beispiel im Backofen ein Thermometer einbauen und dann die Backzeit aufgrund von festgelegten Erfahrungstabellen in Abhängigkeit von der Temperatur festlegen.

Es liegt dann nahe, den ganzen Vorgang des Backens noch weiter zu automatisieren, das heißt zum Beispiel, die Beladung und Entladung des Backofens in Abhängigkeit von der Backtemperatur und der Backzeit zu steuern. Ebenso kann man auch die Herstellung des Teigs, das heißt das Zusammenmischen der verschiedenen Materialien und das Kneten, automatisieren. Wenn man dann noch eine Maschine einschaltet, die den Teig in Portionen teilt und alles richtig miteinander verbindet, hat man den Prozeß einer automatischen Brotfabrik.

Es wird sicherlich auch dem Laien einleuchten, daß es recht schwierig ist, einen derartigen Prozeß vollautomatisch zu steuern, denn alle Vorgänge und Beobachtungen, die der handwerklich arbeitende Bäcker durch lange Erfahrungen mit Hilfe seines Gehirns beherrscht, müssen jetzt von einer Maschinerie nach vorheriger Programmierung ausgeführt werden. Die Programmierung muß dabei alle möglicherweise entstehenden Fehler und Pannen mit berücksichtigen. Eine Vielzahl von Meßstellen sind abzufangen, und je nach dem Ergebnis sind entsprechende Ausführungskommandos an die einzelnen Teile der zum Prozeß gehörenden Maschinen und Einrichtungen zu geben.

Da für die Steuerung eines größeren Produktionsprozesses meist sehr viele Meßwerte oder andere Gegebenheiten – man nennt sie auch *Parameter* – zu berücksichtigen sind, konnte man bis vor kurzem auf die menschliche Intelligenz kaum verzichten. In sogenannten Steuerwarten gab es zwar schon eine große Anzahl von Meßinstrumenten, die in der Lage waren, den jeweiligen Zustand des Prozesses zu signalisieren, aber dem Menschen war es noch vorbehalten, daraus die richtigen Schlüsse zu ziehen und somit den Prozeß selbst zu steuern.

Erst die Computertechnik hat die Steuerfunktion des Menschen ganz oder doch zum wesentlichen Teil abgelöst, denn ein richtig programmierter Computer ist in der Lage, eine Reihe der ihm zugeführten Meßdaten auszuwerten und dementsprechend Steuerbefehle zu geben. Als *Prozeßrechner* sind heute eine große Anzahl von Computern in den verschiedenen Herstellungsprozessen eingesetzt, wobei sie nicht nur Aufgaben der eigentlichen Prozeßsteuerung, sondern ganz besonders auch die Sicherheitsüberwachung von Prozessen übernehmen. Viele komplizierte Herstellungsprozesse in der chemischen Industrie und auch die Atomkraftwerke wären ohne eine Steuerung durch Computer überhaupt nicht zu verwirklichen gewesen. Und jetzt

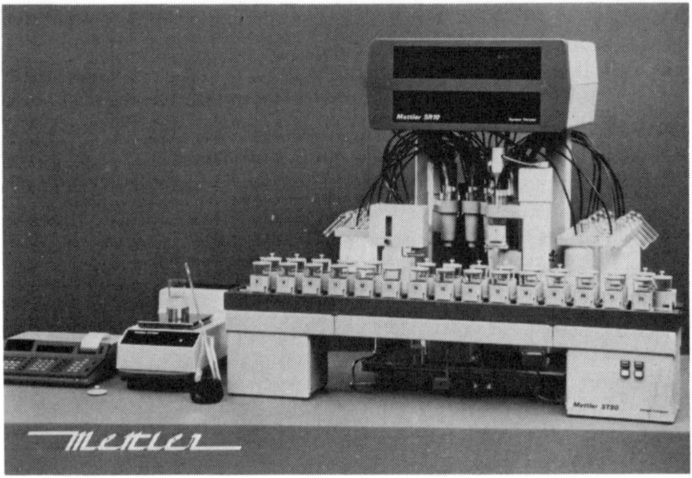

Abb. 21 Gerät für die Automation chemischer Analysen.
Der Mikroprozessor als Steuerelement hat es möglich gemacht, ein Gerät zu bauen, das in der Lage ist, vielfältige, in der chemischen Industrie notwendige Analysevorgänge selbsttätig durchzuführen. Jede Probe wird individuell entsprechend der programmierten Analysevorschrift behandelt, die Ergebnisse werden dann ausgedruckt.
(Werkfoto: Mettler-Instrumente AG, Greifensee-Zürich.)

bietet der Mikroprozessor als kleiner Bruder des großen Computers wieder ganz neue Möglichkeiten für die Prozeßsteuerung.

Die heute verwendeten Prozeßrechner sind vielfach noch recht umfangreiche und damit teuere Geräte, deren Einsatz sich nur dann lohnt, wenn sie auch entsprechende umfangreiche und aufwendige Anlagen zu steuern haben. Der verhältnismäßig billige, aus einem Mikroprozessor aufgebaute Prozeßrechner dagegen kann auch für Steuer-, Prüf- und Überwachungsaufgaben eingesetzt werden, wenn ein großer Prozeßrechner unrentabel erscheint. Man wird ihn verwenden, um einzelne Vorgänge innerhalb eines größeren Prozesses besser zu beherrschen, und man wird mit seiner Hilfe in der Lage sein, gewisse Sicherheits- und Qualitätsanforderungen bereits dort zu erfüllen, wo Fehler oder Gefahrenzustände noch leicht beseitigt werden können.

In der zukünftigen Prozeßsteuerung wird man also weitgehend mit verteilter Intelligenz arbeiten. Man kann gefährliche

Zustände dadurch besser überwachen, daß der Überwachungsvorgang nicht nur von einem Gerät, sondern von mehreren Geräten parallel durchgeführt wird. Dabei würden wiederum die einzelnen Geräte sich gegenseitig kontrollieren. Die verhältnismäßig geringen Kosten eines Mikroprozessor-Systems erlauben es, diese Bausteine in großer Anzahl einzusetzen und so die Sicherheit bei Steuer- und Überwachungsvorgängen durch *Redundanz* zu verbessern. Man versteht darunter die Eigenschaft eines Systems, auch dann zu einem richtigen Ergebnis zu kommen, wenn Fehler oder Störungen während der Arbeit vorgekommen sind.

Meß- und Kontrollgeräte

Das Messen ist Voraussetzung für jedes wirtschaftliche Handeln. Weder Forschung und Entwicklung noch eine moderne Produktion ist ohne Meßinstrumente denkbar. Selbst im täglichen Leben werden in den zivilisierten Ländern Meßinstrumente aller Art laufend verwendet. Die Mikroprozessor-Technik bietet die Möglichkeit, die meisten der jetzt bekannten Meßgeräte zu vervollkommnen und sie zur Verwendung bei Steuer- und Regelvorgängen im weitesten Sinne anzupassen.
Im Zuge der Prozeßautomation ist es notwendig, immer mehr Meßdaten zu erfassen und zu verarbeiten. Für die Verarbeitung von Meßwerten, die in digitaler, das heißt ziffernmäßiger Form vorliegen, ist der Mikroprozessor ganz hervorragend geeignet.
Schon jetzt wird bei vielen Produktionen ein sehr erheblicher Teil des Aufwandes auf der einen Seite für Prüfung und Kontrolle der zur Verwendung kommenden Materialien und Bauteile und auf der anderen Seite zur Kontrolle der hergestellten Teile und Erzeugnisse verwendet. Jeder bei der Kontrolle entdeckte Fehler vermindert den Ausschuß oder macht das hergestellte Erzeugnis besser und sicherer. Wenn man die Geräte, die heute von der Industrie ausgeliefert werden, mit dem Standard vergleicht, der noch vor zehn oder zwanzig Jahren üblich war, so kann jeder erkennen, daß trotz der viel größeren Kompliziertheit der modernen Geräte heute eine sehr viel höhere Zuverlässigkeit geboten wird, als es früher üblich war.
Trotzdem kann in dieser Richtung sicherlich noch viel mehr getan werden. Mit Hilfe des Mikroprozessors dürfte es möglich sein, Meß- und Kontrollvorgänge, die jetzt noch in oft ermü-

dender Arbeit vom Menschen vorgenommen werden und die darum auch mit den Fehlern der menschlichen Natur behaftet sind, zu automatisieren und damit sicherer zu gestalten.
Wie man durch eine entsprechende automatisierte Kontrolle selbst außerordentlich schwierige Fabrikationsvorgänge beherrschen kann, hat die Industrie, die elektronische Bauelemente herstellt, selbst demonstriert. Bei der Herstellung von hochintegrierten elektronischen Schaltungen muß man mit einer sehr hohen Fehlerquote rechnen. Nur durch vollautomatische, meist mit Hilfe von Mikroprozessoren gesteuerte Prüfmaschinen ist es möglich, schon am Beginn des Herstellungsprozesses die als fehlerhaft erkannten Bauteile auszusortieren, so daß nur die guten Teile weiterverarbeitet werden. Durch ständiges automatisches Messen und Prüfen während der Fabrikation ist es so möglich, trotz der hohen Ausfallraten für die guten Stücke zu günstigen Herstellungskosten zu kommen, was nie möglich gewesen wäre, wenn die Aussonderung der schlechten Teile erst nach der Fabrikation bei der Endprüfung erfolgt wäre.

Maschinensteuerung und -überwachung

Der Mikroprozessor wird sicherlich eine große Rolle überall dort spielen, wo Maschinen im weitesten Sinne gesteuert oder überwacht werden müssen. Der Maschinenbau war in der Vergangenheit im wesentlichen auf die Verwendung rein mechanischer Bauelemente eingestellt. Elektromotoren wurden nur dort eingesetzt, wo ihre Kraftwirkung benötigt wurde, und selbst komplizierte Steuervorgänge, wie sie zum Beispiel für automatische Werkzeugmaschinen notwendig sind, wurden mit rein mechanischen Mitteln verwirklicht.
In den letzten Jahren hat es jedoch ein völliges Umdenken gegeben. Auch bei den Erzeugnissen des klassischen Maschinenbaus werden immer mehr Nebenfunktionen elektrisch betätigt und gesteuert. Dadurch wurden wiederum zusätzliche elektrische Schaltgeräte notwendig, um den gewünschten Funktionsablauf sicherzustellen. Anstelle elektrischer Schaltorgane wie Schalter und Relais haben schon elektronische Bauelemente Eingang in den Maschinenbau gefunden. Es sind nun bereits die ersten Erzeugnisse dieser Branche auf den Markt gekommen, in denen der Mikroprozessor als Schalt- und Steuerelement verwendet wird.
In der spanabhebenden Fertigung verwendet man heute gern *numerisch controllierte* Werkzeugmaschinen, in der Abkürzung

N-C-Maschinen genannt. Bei diesen Maschinen wird der Arbeitsablauf bei der Bearbeitung eines bestimmten Werkstücks nicht mehr durch den Bedienungsmann bestimmt, sondern vorher als Folge einer Reihe von Zahlen und Werten programmiert. Aufgrund der Zeichnung des zu fertigenden Werkstückes wird genau ausgerechnet, welche Bewegungen das Schneidwerkzeug der Maschine auszuführen hat, um das gewünschte Stück herzustellen. Die Maschine arbeitet dann nach dem Einspannen des Werkstücks vollautomatisch. Es sind Maschinen auf dem Markt, bei denen sogar der Werkstückwechsel und das gegebenenfalls notwendige Auswechseln von Werkzeugen vollautomatisch vom Programm gesteuert wird. Es leuchtet ein, daß eine derartige Programmsteuerung mit den Mitteln der Mikroprozessor-Technik aufgebaut werden kann. Das Mikroprozessor-System muß allerdings wiederum so programmiert werden, daß die Maschine im Rahmen ihres Aufgabenbereichs *frei programmierbar* ist, das heißt verschiedene Werkstücke herstellen kann.
Bei den im Maschinenbau vorkommenden Steuerungsaufgaben handelt es sich in den meisten Fällen darum, einen im wesentlichen vorher bestimmten Ablauf eines Vorgangs oder mehrerer Vorgänge zu steuern, wobei von außen eingegebene Meßgrößen, Sollwerte oder andere Parameter den Ablauf beeinflussen sollen. Da es sich hierbei also im wesentlichen immer um die gleiche, nur in Einzelheiten variierte Aufgabenstellung handelt, kann ein Mikroprozessor-System sie hervorragend erfüllen. Darüber hinaus können Mikroprozessoren die Bedienung von Maschinen erleichtern, indem sie dem Bedienungsmann durch entsprechende Anzeigen signalisieren, welche Bedienung die Maschine von ihm erwartet. Entsprechende Anzeigeelemente können auch dafür verwendet werden, dem Bedienungsmann deutlich zu zeigen, in welchem Zustand sich die Maschine zur Zeit befindet. Es dürfte auch gerade die Mikroprozessor-Technik in den Fällen von besonderem Vorteil sein, in denen sich noch keine volle Automation eines Fabrikationsvorganges lohnt.
Interessante Möglichkeiten ergeben sich auch für die Verwendung von Mikroprozessoren durch die Fähigkeit, bei entsprechender Programmierung Fehler und Störungen blitzschnell zu erkennen und dem Bedienungsmann anzuzeigen. Man kann auch verhältnismäßig komplizierte Steuerungssysteme so aufbauen, daß man bei einer eingetretenen Störung sofort erkennt, wo der Fehler aufgetreten ist und welches Element möglicherweise defekt wurde.

Bei der Beschickung und Entladung von Maschinen gibt es viele Vorgänge, die bisher schwer zu automatisieren waren, da sie sehr komplex sind und somit einen sehr erheblichen Aufwand an Steuerorganen erfordern würden. In neuester Zeit sind auch für sehr komplizierte Aufgaben *Handhabungsgeräte* entstanden, deren Bewegungsabläufe durch einen Mikrocomputer gesteuert werden. Es werden Geräte entwickelt, mit denen die Lage eines beliebigen Teils, zum Beispiel auf einem Förderband, genau erkannt werden kann, so daß eine nachgeschaltete mechanische Einrichtung es an der richtigen Seite und in richtiger Lage zur weiteren Verarbeitung greift. Dies Gebiet der sogenannten *Mustererkennung* ist noch ausbaufähig. Es kann auch in der Kontrolle bei der Produktion Verwendung finden. Es laufen zum Beispiel schon Versuche, mit Hilfe optischer Methoden und anschließender Auswertung durch einen Mikrocomputer zu erkennen, ob bestimmte Teile eines Autos vorschriftsmäßig montiert worden sind. Man kann so zum Beispiel überprüfen, ob die für die Sicherheit unbedingt notwendigen Splinte im Lenksystem eines Autos wirklich vorhanden sind.

Wissenschaft und Forschung

Computer werden schon heute auf den verschiedensten Gebieten der Forschung verwendet, denn das menschliche Gehirn ist nicht in der Lage, die große Fülle von Meßdaten, die bei vielen Forschungs- und Entwicklungsprojekten anfallen, in genügend kurzer Zeit auszuwerten und zu verarbeiten. Selbst wenn Meßwerte bei Dauerversuchen als Ausdruckprotokoll zur Verfügung stehen, ist es eine außerordentlich mühselige Angelegenheit, verschiedene Protokollreihen miteinander zu vergleichen und entsprechend auszuwerten.
Die Mikroprozessor-Technik wird sicherlich dazu dienen, das Messen in der Forschung zu verbessern und zu automatisieren. Man wird dem Mikroprozessor eine gewisse Auswertung der Meßergebnisse übertragen und statt endloser Zahlenkolonnen nur noch die ausgewerteten Ergebnisse abdrucken.
Besonders auch auf dem Gebiet der Analyse, einer Arbeit, die früher im Labor viel Handfertigkeit erforderte, ergeben sich durch die Mikroprozessor-Technik ganz neue Möglichkeiten der Rationalisierung und Automatisierung. Selbsttätig arbeitende Analysegeräte für Spezialaufgaben sind bereits entwickelt. Zum Beispiel Titrierautomaten auf dem Gebiet der Chemie oder

Massenspectrometer auf dem Gebiet der Physik. Mit Hilfe derartiger Geräte ist es möglich, die genaue Zusammenstellung von Stoffen schon während eines Produktionsprozesses zu überwachen und so Fehlchargen zu vermeiden. Vermeidung von Ausschuß bedeutet aber wiederum Verringerung der Herstellungskosten und selbstverständlich auch Qualitätsverbesserung.
Durch die Mikroprozessor-Technik wird es möglich sein, Forschungsvorhaben, die durch Versuche während einer längeren Zeit oder unter wechselnden Bedingungen unterstützt werden müssen, mit sehr viel weniger Aufwand durchzuführen als jetzt. Den Forschern wird es dadurch möglich, auch Projekte in Angriff zu nehmen, für die heute der Aufwand nicht tragbar ist. Gerade auf dem Gebiet der Forschung und Entwicklung dürfte als die durch den Mikroprozessor mögliche Automatisierung verschiedener Vorgänge sicherlich nicht zum Abbau der Kapazitäten führen, sondern mit dazu beitragen, daß neue Forschungsgebiete aufgegriffen werden können.

Gesundheitswesen und Medizintechnik

Schon in den letzten Jahren ist die Technik in sehr viele Gebiete der Heilkunde im weitesten Sinne eingedrungen. Elektrische und elektronische Hilfsmittel werden auch schon von den praktischen Ärzten vielfach für die Diagnose eingesetzt. Man denke nur an die EKG- und die Röntgengeräte, die praktisch überall verwendet werden. Noch viel mehr Technik gibt es in modernen Krankenhäusern, wo der Patient schon oft das Gefühl hat, nur noch mit technischen Geräten behandelt zu werden.
Die Möglichkeit des Mikroprozessors, nach einem bestimmten Programm zu arbeiten und dabei logische Entscheidungen nach vorgegebenen Kriterien zu treffen, wird sicherlich auch in der Medizintechnik verwendet werden. Wenn es auch niemals möglich sein wird, das Denkvermögen und die Einfühlungskraft des Arztes zu ersetzen, so wird der Computer dem Mediziner doch in vielen Fällen Entscheidungshilfe leisten können. So erlauben die jetzt aufkommenden *Computer-Tomographen* eine neue Art der Röntgendiagnose. In diesen Geräten wird nicht mehr ein Röntgenbild als Ganzes erzeugt, sondern es wird eine vom Arzt bestimmte Schicht zum Beispiel im Schädel eines Menschen Punkt für Punkt mit einem eng ausgeblendeten Röntgenstrahl aus einer Vielzahl von Richtungen abgetastet. Die so gewonne-

nen Meßdaten, ca. 500 000 pro Abtastung, werden von einem Computer zu einem Querschnittsbild kombiniert und auf einem Fernsehbildschirm dargestellt. Gegenüber einer bisher üblichen Röntgenaufnahme können feinste Dichteunterschiede sichtbar gemacht werden. Es gelingt auf diese Weise, Tumore und Blutungen zu erkennen, die mit den bisher bekannten technischen Mitteln nicht erfaßt werden konnten.
Es gibt auch schon mikroprozessor-gesteuerte Geräte zur laufenden Blutdrucküberwachung von schwerkranken Personen. Geräte zur Überwachung der Herz- und Hirnströme sind in der Lage, aus den aufgenommenen elektrischen Signalen gleich eine gewisse Diagnose zu stellen.
Die Mikroprozessor-Technik wird möglicherweise dem Arzt auch eine bessere Organisation seiner Praxis ermöglichen, denn die Verwendung eines *Praxiscomputers* dürfte auch nicht mehr fern sein. Dieser könnte zum Beispiel alle jetzt mühsam auf Karteien festgehaltenen Patientendaten speichern, er könnte den Terminkalender des Arztes führen, Rezepte ausschreiben und die Abrechnung mit den Kassen durchführen, wodurch der Arzt und seine Helferinnen von der eigentlich artfremden Arbeit der Praxisverwaltung entlastet würden und sich mehr um die Kranken kümmern könnten.

Information und Kommunikation

Im Informationswesen, das heißt bei der Verarbeitung von Nachrichten, und bei der Kommunikation, hier als Austausch von Informationen gesehen, spielen Bauelemente der Elektronik schon heute eine ausschlaggebende Rolle. Soweit die Informationsverbreitung mit Hilfe elektromagnetischer Wellen, das heißt über Funk und Fernsehen, erfolgt, wurden schon von Beginn an die Mittel der Elektronik eingesetzt. Beim Fernsprechbetrieb dagegen arbeitet man heute noch weitgehend elektromechanisch. Relais und Schaltgeräte, die elektrisch betätigt werden und sich mechanisch bewegen, beherrschen das Feld. Der Zeitpunkt ist aber abzusehen, da auch die Telefontechnik ohne bewegliche Kontakte, also vollelektronisch, abgewickelt werden wird. Statt großer Säle mit reihenweise aufgebauten ratternden *Hub-Drehwählern* wird man dann hochintegrierte elektronische Schaltungen, wie sie jetzt in der Mikroprozessor-Technik Verwendung finden, auch in den Fernsprechwählämtern finden.

Aber auch heute werden schon Mikroprozessoren eingesetzt, um die Telefonbedienung komfortabler zu machen. Wählautomaten erleichtern das Wählen langer Nummern. Anrufbeantworter speichern ankommende Gespräche, und Gebührenzähler überwachen die Telefonkosten. Auch vor Einführung der Mikroprozessor-Technik gab es schon Geräte, die die drei genannten Funktionen erfüllten. Aber erst durch Verwendung der neuen Technik wird es möglich sein, preiswerte Geräte für jedermann zu bauen. Diese werden dann sicherlich noch weitere Funktionen erfüllen können wie zum Beispiel Weiterwahl zu einem anderen Telefonanschluß, wenn der Telefonbesitzer nicht zu Hause ist, oder die Möglichkeit, von einem fremden Anschluß das eigene Telefon abzufragen, um festzustellen, ob im Hause alles ruhig ist.

Durch mikroprozessor-ähnliche Bauteile gesteuert werden auch die neu angebotenen Mittel zur Nachrichtenverbreitung, die sich zur Ausgabe eines Fernsehgerätes bedienen und unter den verschiedensten Namen wie *Bildschirmzeitung*, *Teletext* usw. schon bekanntgeworden sind. Je nach System werden entweder unter Benutzung der Telefonleitung oder eines Teils des Sendesignals bei der Fernsehübertragung aktuelle Nachrichten oder sonstige Informationen in schriftlicher Form auf dem Bildschirm eines Fernsehgerätes dargeboten. Man denkt sogar daran, eine gewisse Kommunikation zwischen dem Benutzer des Systems und der Zentrale zu schaffen, was durchaus möglich erscheint, wenn die Information über die Fernsprechleitung übertragen wird. In diesem Fall könnte also zum Beispiel der Benutzer durch Drücken bestimmter Tasten ganz bestimmte Informationen von der Zentrale anfordern, die er dann auf seinem Bildschirm ablesen kann. Ein solches System würde beim einzelnen Teilnehmer die Verwendung eines Mikroprozessors voraussetzen, der aus den gedrückten Tasten eine entsprechende elektronische Information zur Weitergabe an die Informationszentrale machen würde.

Mikroprozessoren werden auch schon in *Fernsehapparaten* verwendet, um die Bedienung komfortabler zu machen. Man kann mit ihnen den Fernseher bauen, der sich selbst zur gewünschten Zeit auf das gewünschte Programm einschaltet. Es ist im Prinzip sogar möglich, einmal in der Woche das Gerät auf alle gewünschten Sendungen zu programmieren, so daß man nicht immer die Programmzeitschrift zu Rate ziehen muß. Der Mikroprozessor kann aber auch die einzustellenden Werte, wie Lautstärke, Helligkeit, Farbe und Kontrast, wenn sie einmal

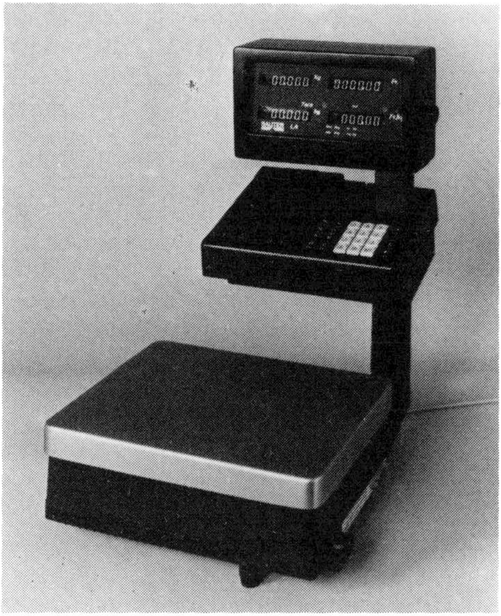

Abb. 22 Mikroprozessor-gesteuerte Ladenwaage.
Die Mikroprozessor-Technik erlaubt den Bau sehr kompakter, aber doch außerordentlich leistungsfähiger Waagen, die nicht nur Preise ausrechnen und anzeigen können, sondern darüber hinaus die Umsätze des Tages in mehreren Gruppen speichern.
(Werkfoto: August Sauter GmbH, Albstadt-Ebingen.)

nach persönlichem Empfinden richtig eingestellt sind, laufend kontrollieren und, wenn nötig, nachregeln. Die Programmierung des Gerätes kann aber auch dazu genutzt werden, daß für Kinder, die allein zu Hause sind, nur gewisse Sendungen freigegeben werden und das Gerät während der übrigen Zeit gesperrt bleibt. Sicher wird man die große Leistungsfähigkeit des für bestimmte Steueraufgaben in künftigen Fernsehgeräten ohnehin eingebauten Mikroprozessor-Systems noch weiter ausnutzen.

Auch das *Briefeschreiben* gehört zur Kommunikation. Hier bahnen sich ganz neue Entwicklungen an durch die Möglichkeiten der Mikroprozessor-Technik. Bereits in Kürze werden Fernschreibmaschinen für die allgemeine Verwendung zur Verfügung stehen, die elektronisch und damit so leise arbeiten, daß sie auf jedem Arbeitsplatz im Büro eingesetzt werden können. Die direkte schriftliche Kommunikation anstelle der fernmünd-

lichen zwischen zwei Geschäftspartnern ist damit technisch möglich; inwieweit sie sich durchsetzen wird, kann noch nicht beurteilt werden.
Sogenannte *Schreibautomaten*, meist elektrisch betätigte Schreibmaschinen, die einen vorher in Lochstreifen gestanzten Text schnell herunterschreiben können, sind schon seit einigen Jahren bekannt. Sie hatten jedoch viele Unzulänglichkeiten, die von den neuen, meist durch einen Mikroprozessor gesteuerten Korrespondenzautomaten vermieden werden. Bei diesen Geräten werden elektronische Speicherelemente verwendet, die es erlauben, einen Brief zunächst aus einzelnen Sätzen oder Abschnitten auf einem Bildschirm zusammenzustellen und dort eventuell noch zu korrigieren. Erst wenn dies geschehen ist, schreibt der Automat den gesamten Text in einem Zug außerordentlich schnell selbständig nieder.

Handel und Verkauf

Das bestimmende Meßgerät für sehr viele Handelstransaktionen ist die Waage. Da im Handel aber nach Geldwerten bezahlt wird, besteht immer die Aufgabe, das von der Waage ermittelte Gewicht mit dem Grundpreis der Ware zu multiplizieren, um zum Kaufpreis zu kommen. *Preisrechnende Waagen* sind zwar bereits mit herkömmlichen Mitteln der Elektronik gebaut worden, aber erst die neuesten Modelle, die Mikroprozessor-Systeme für die Gewichtsermittlung und für die Rechnungen verwenden, sind in ihrer Arbeitsweise und Bedienung so vollkommen, daß sie eine echte Entlastung für den Verkäufer bedeuten.
Auch die modernen Kassensysteme in Ladengeschäften arbeiten mit Mikroprozessoren. Sie erlauben nicht nur eine schnelle Abrechnung mit dem Kunden, sondern geben darüber hinaus durch Speicherung und Summenbildung, getrennt nach einzelnen Warengruppen, dem Geschäftsinhaber die Möglichkeit, täglich seine Umsätze zu kontrollieren.
Eine weitere Rationalisierung und damit Beschleunigung der Abfertigung an den Kassen insbesondere von Supermärkten erfolgt durch selbsttätige Preiserkennung bei vorverpackten Waren. Dazu müssen alle Packungen, die der Käufer selbst auswählt, mit *Codierungen* versehen sein, die meist aus einer Anzahl von parallelen, aber verschieden dicken Linien in einem besondern Feld der Packung bestehen. An der Kasse werden

diese Codierungen, die Art und Größe der Packung kennzeichnen, selbsttätig gelesen, mit dem im Computer gespeicherten Tagespreis multipliziert und dann auf einem dem Käufer gut lesbaren Bon ausgedruckt. Die Hausfrau erhält also in diesem Fall eine komplette Abrechnung aller ihrer Käufe, muß dafür allerdings in Kauf nehmen, daß nicht mehr jede Packung in Klarschrift mit dem Kaufpreis ausgezeichnet ist.
Geräte, die zur schnelleren Abfertigung der Kundschaft beitragen, werden mit Sicherheit auch mit Hilfe der Mikroprozessor-Technik für die Institute des *Geldverkehrs* und für andere Dienstleistungsbetriebe geschaffen.
Beim Handel muß man auch an die Waren- und Verkaufsautomaten denken. Es ist nicht ausgeschlossen, daß die Mikroprozessor-Technik hier die Möglichkeit zur Konstruktion ganz neuer Typen eröffnen wird. Damit könnte sich die Zahl der stummen Verkäufer weiter vergrößern.
Aber auch die vielfältigen Abrechnungsvorgänge und das Bestellwesen im Handel werden durch den Mikroprozessor erleichtert und vereinfacht. Es gibt kleine tragbare Geräte, mit denen Daten schnell erfaßt und gespeichert werden. Dadurch wird die mühsame Aufstellung von Inventarlisten zur Monats- oder Jahresabrechnung im Handel vermieden. Auch für das Bestellwesen gibt es kleine mikroprozessor-gesteuerte Geräte, die es ermöglichen, die Tagesbestellungen eines Vertreters elektronisch zu speichern und dann am Abend über das Telefonnetz an die Zentrale weiterzugeben, ohne daß die jetzt üblichen umfangreichen Bestellformulare auszuschreiben sind.

Luft- und Kraftfahrzeuge

Ein gut funktionierender Flugbetrieb ist schon heute ohne elektronische Hilfsmittel nicht mehr denkbar. Jedes Flugzeug besitzt eine größere Anzahl elektronischer Systeme für Navigations- und Überwachungsaufgaben. Auch auf den Flughäfen arbeiten viele Computer sowohl für die Aufgaben der Flugsicherung als auch für die Verkehrsabwicklung. Die Mikroprozessor-Technik wird es möglich machen, die jetzt bekannten Geräte zu verbessern und zu vervollkommnen. Es werden aber sicherlich noch neue Geräte und elektronisch gesteuerte Apparate hinzukommen. Wenn man nur daran denkt, wieviel Meßinstrumente, Bedienungsgeräte und sonstige Anlagen sich im

Cockpit eines modernen Großflugzeuges befinden, so kann man sicherlich voraussagen, daß hier noch viele Möglichkeiten der Vereinfachung und Bedienungserleichterung bestehen. Die billigen Bauteile der Mikroelektronik werden es gestatten, viele Überwachungs- und Kontrollvorgänge selbsttätig ablaufen zu lassen. Dabei kann sich die Elektronik ohne weiteres wieder selbst auf richtiges Funktionieren kontrollieren. Daß eine vollautomatisierte Arbeitsweise auch sehr komplizierter Systeme möglich ist, wurde ja bereits in der Raumfahrttechnik bewiesen, wo heute schon eine größere Anzahl in intelligenter Weise zusammenarbeitender Mikroprozessoren in jede Rakete eingebaut sind.
Auf den Flughäfen geht es in erster Linie um weitere Verbesserungen der Flugüberwachungs- und Sicherheitseinrichtungen. Aber auch für viele andere Aufgaben, wie die Gepäckkontrolle, die optimale Berechnung der Startgewichte und nicht zuletzt das gesamte Platzbuchungswesen, wird der Mikroprozessor neue Impulse geben. Vielleicht nützt man dann auch endlich eines Tages die vorhandenen technischen Möglichkeiten, um das fast anachronistisch wirkende Ausschreiben der Flugscheine von Hand durch ein einfaches Druckverfahren zu ersetzen.
Mit Sicherheit wird der Mikroprozessor auch Einzug in das Kraftfahrzeug halten. Die ersten Autos mit einem Mikroprozessor wurden bereits in den USA angeboten. Das Gerät wird allerdings dazu verwendet, dem Fahrer gewisse Erleichterungen zu bringen. Errechnet werden können Weg-, Zeit- und Geschwindigkeitsdurchschnitte. Nach Eingabe der Zielkilometerentfernung und der gewünschten Ankunftszeit berechnet der Mikrocomputer laufend, wie schnell gefahren werden muß, um das Ziel wie gewünscht zu erreichen. Gleichzeitig ersetzt das Gerät die bisherigen Anzeigeelemente für Geschwindigkeit, Wassertemperatur, Drehzahl, Öldruck, Benzinstand usw. und zeigt alle Werte in Digitalzahlen an. Es mag bezweifelt werden, ob der Einsatz eines Mikroprozessor-Systems für den genannten Zweck sehr sinnvoll ist. Der Kfz-Computer der Zukunft wird sicher ganz andere Aufgaben übernehmen. Er wird zum Beispiel das Treibstoffgemisch jederzeit optimal im Hinblick auf Verbrauch und Schadstoffausstoß regulieren, ein Blockieren der Bremsen verhindern und als Abstandswarngerät dienen. Es dürfte auch keine Schwierigkeit bereiten, ein Gerät zu bauen, das laufend den spezifischen Benzinverbrauch anzeigt und so den Fahrer zu sparsamer Fahrweise anregt. Taxameter, die nicht mehr durch eine mechanische

Antriebswelle angetrieben werden, sondern vollelektronisch mit einem Mikroprozessor arbeiten, sind bereits entwickelt und auf dem Markt.

Bau- und Verkehrstechnik

Im ersten Kapitel wurde dargelegt, wie der Mikroprozessor in den Haushalt des Normalverbrauchers vordringen wird. Es gibt aber auch viele Gebiete der Haus- und Bautechnik ganz allgemein, die durch das neue elektronische Bauelement beeinflußt werden können. Die umfangreichen technischen Anlagen, die heute zur Versorgung und Entsorgung eines größeren Gebäudekomplexes notwendig sind, seien es Heizungs- und Lüftungsanlagen, Feuerlösch- und Feuerwarneinrichtungen, Fahrstühle und Rolltreppen, Einrichtungen für die Versorgung mit Energie und Wasser und vieles anderes mehr, werden sicherlich in der Zukunft in ihrem Steuerteil Mikroprozessoren enthalten, die dann auch Kontroll- und Überwachungsfunktionen durchführen können. Mit Hilfe eines Computers kann man größere Heizanlagen sehr viel wirtschaftlicher steuern, als dies jetzt geschieht. Und Fahrstühle mit einem Optimierungsprogramm können sehr viel mehr Verkehr bewältigen als Aufzüge mit einer einfachen Steuerung.
Das elektronische Türschloß ist schon erfunden. Es gibt mit Bauelementen der Mikroelektronik arbeitende Einbruchs- und Diebstahlssicherungen, die einen sehr hohen Schutzwert haben. Auch das Gebiet der Personenerkennung und Ausweiskontrolle sowie die Parkhausabrechnung wird durch die Mikroprozessor-Technik erleichtert und vereinfacht werden.
Möglich erscheinen auch ganz neue Überwachungseinrichtungen für das große Gebiet des Ingenieurbaus, das heißt für Brücken, Talsperren usw., wo immer die Gefahr besteht, daß auch nach langer Betriebszeit noch Einstürze und Zusammenbrüche erfolgen. Ein Mikrocomputer ist ohne weiteres in der Lage, eine größere Anzahl von Meßstellen laufend in einem gewissen Zeitzyklus zu überprüfen, die Meßwerte auszuwerten und Alarm zu geben, wenn sich eine bedrohliche Änderung anzeigt.
Auch auf dem Gebiet der Versorgung gibt es noch viele Möglichkeiten der Verbesserung durch den Einsatz mikroelektronischer Bauelemente. Aber noch wichtiger für den Bürger dürften Verbesserungen im Verkehrswesen sein. Dem Verkehr angepaßte Ampelsteuerungen können nicht nur Nerven der Auto-

fahrer schonen, sondern auch erhebliche Kraftstoffmengen einsparen.
Die jetzt zum Teil schon vorhandenen Automaten für die Fahrscheinausgabe bei öffentlichen Verkehrsmitteln sind sicher verbesserungsbedürftig. Einfach zu bedienende Geräte, die eine schnelle und richtige Verkehrsauskunft geben, müssen noch konstruiert werden. Die Mikroprozessor-Technik öffnet hier ebenso neue Möglichkeiten wie für die Leitsysteme der neuartigen Verkehrsmittel im individuellen Stadtverkehr, die im Gespräch sind.

Lernen und Spielen

Als das Radio noch in den Kinderschuhen steckte, waren viele Bastler von den Möglichkeiten der neuen Technik so beeindruckt, daß sie selbst zu experimentieren begannen; es gibt eine ganze Reihe bedeutender Entwicklungen, die auf Anregungen der Funkbastler zurückzuführen sind. Gleichermaßen faszinierend ist die Mikroprozessor-Technik, und so gibt es in den USA bereits viele Zehntausende von »Mikroprozessor-Fans«, die sich als privates Hobby mit diesem Gebiet der Technik beschäftigen. Es besteht dort bereits ein richtiger Markt für Lern- und Experimentiergeräte, der auf diesen Abnehmerkreis zielt. Auch in Deutschland sind inzwischen die ersten Mikroprozessor-Clubs gegründet worden; es dürfte nicht allzu lange dauern, bis hier die Mikroprozessor-Bastler eine gleiche Bedeutung haben werden wie jetzt die Funkbastler und Funkamateure.
Für das Lernen der Mikroprozessor-Technik gibt es schon spezielle Lehrgeräte, die auch wieder mit einem Mikroprozessor arbeiten, der wiederum so programmiert ist, daß der Lernende Schritt für Schritt an die Problematik und das Funktionieren eines kompletten Mikroprozessor-Systems herangeführt wird.
Man kann nun sicherlich auch noch eine Reihe von anderen Lehrvorgängen so aufbereiten, daß sie durch einen Mikrocomputer gesteuert werden können. Vor einigen Jahren wurden schon sogenannte »Lernmaschinen« auf den Markt gebracht, die sich jedoch, wenn sie billig waren, nicht bewährt haben. Der Mikroprozessor würde es heute gestatten, derartige Geräte in neuer Konzeption zu bauen und zu einem annehmbaren Preis auf den Markt zu bringen.
Der Mikroprozessor ist bereits in die Technik der Spiele und Spielzeuge eingezogen. Mit den Fernsehspielen der zweiten

Generation können nicht nur zwei Spieler die Darstellung eines Balls hin und her bewegen, bei diesen Spielen tritt der Computer selbst als Gegner an. Wenn es auch nicht gerade um das Schachspiel geht, so kann man aber doch im Mühle- oder Damespiel seine Fähigkeiten mit denen des Computers messen. In Amerika sind auch die ersten kleinen Denk- und Geschicklichkeitsspielzeuge auf Mikroprozessor-Basis erschienen. Sicherlich werden auch bald elektrische Eisenbahnen und ähnliche Spielzeuge folgen. Denn wenn ein Mikroprozessor bei diesen Aufgaben auch bei weitem nicht voll entsprechend seiner Leistungsfähigkeit ausgenutzt wäre, so stellt er doch ein verhältnismäßig einfaches und universell verwendbares Mittel für die auch in der Spielzeugtechnik vorkommenden Steuerungsaufgaben dar.

Andere Anwendungsgebiete

Die Aufzählung möglicher Anwendungsgebiete für Mikroprozessoren kann niemals vollständig sein. Es ist bekanntgeworden, daß ein Erfinder eine durch Mikroprozessor gesteuerte Hausklingel herausgebracht hat. Wenn man an einen Ausgang eines Mikroprozessors einen Lautsprecher anschließt und diese Ausgangsleitung durch den Prozessor in der Sekunde 440 mal unterbricht, so tönt aus dem Lautsprecher der Kammerton »a«. Man kann nun ohne weiteres auch andere Töne erzeugen und so eine einfache Melodienfolge erklingen lassen. Der Mikroprozessor der Hausklingel ist so programmiert, daß der Besitzer verschiedene Melodien wählen kann, so daß zu Weihnachten zum Beispiel einige Takte aus »O Tannenbaum« und im Mai »Der Mai ist gekommen« erklingen können.
Der schöpferischen Phantasie beim Ausdenken neuer Möglichkeiten für die Verwendung von Mikroprozessoren sind also fast keine Grenzen gesetzt. Das gleiche elektronische Bauelement kann so vielleicht in der Landwirtschaft zur Steuerung einer Bewässerungsanlage verwendet werden und in der Wehrtechnik im Zündmechanismus einer Atomrakete eingesetzt sein. Moderne Fotoapparate enthalten Bausteine der Mikroelektronik ebenso wie die Fotosatzmaschinen, die das Pressewesen und die Herstellung der Zeitungen revolutionierend umgestalten. Mikrocomputer werden behinderten Menschen helfen, trotz der Behinderung normal zu leben. Sie können aber auch die Zielgenauigkeit der jetzt zur Debatte stehenden neuen Marsflugkörper zu einer kaum denkbaren Perfektion erhöhen.

Wann bringt ein Mikroprozessor Vorteile?

Jeder, der sich mit der Produktion technischer Geräte, seien es Maschinen, Apparate oder Anlagen, befaßt, muß sich früher oder später die Frage stellen: »Kommt auch für mein Erzeugnis die Verwendung von Mikroprozessoren in Betracht?«

Diese Frage sollte man niemals vorschnell mit »nein« beantworten. Wie Beispiele aus der jüngsten Vergangenheit zeigen, können nämlich Geräte, die jetzt noch rein mechanisch arbeiten, vielleicht schon sehr schnell durch elektronische Baugruppen ersetzt werden. Die Entwicklung hochintegrierter elektronischer Bauteile, zu denen in erster Linie auch der Mikroprozessor mit seinen Speicherelementen gehört, schreitet so rasant schnell vorwärts, daß nach Meinung der Hersteller ein Teil der Geräte und Anlagen, in denen Mikroprozessor-Bauelemente im Jahre 1985 eingesetzt sein werden, heute noch nicht einmal erfunden ist.

Um nun die oben gestellte Frage beantworten zu können, muß man zunächst wissen, welche Aufgaben ein Mikroprozessor oder besser ein Mikroprozessor-System, das oft auch als Mikrocomputer bezeichnet wird, ausführen kann. Es ist bekannt, daß ein großer Computer praktisch alles kann, was im weitesten Sinne mit der Verarbeitung von Daten, mit dem Rechnen und dem Steuern zusammenhängt, wenn man ihn nur richtig programmiert. Auch von einem Mikroprozessor kann man sagen, daß er (fast) ebensoviel kann wie sein großer Bruder – nur nicht ganz so schnell, ganz so viel und ganz so komfortabel, dafür aber eben auch billiger.

Ein Mikroprozessor-System kann also sehr viel. Aber es gibt auch gewisse Beschränkungen. Diese liegen vor allem in der Verarbeitungsgeschwindigkeit, denn man muß sich immer wieder vor Augen halten, daß alle Befehle nur nacheinander ausgeführt werden können. Es gibt keine parallel verlaufenden Strom- oder Impulspfade, und so spielt der Zeitfaktor beim Programmablauf eine gewisse Rolle. Da zum Beispiel Analog-/Digitalwandlungen immer eine gewisse Zeit brauchen, ist es oft ratsam, die eigentliche Wandlung außerhalb des Mikroprozessor-Systems durchzuführen und dieses nur für die Steuerung des Wandlers einzusetzen. Das gleiche gilt, wenn sehr schnelle Zählvorgänge notwendig sind. Ein Mikroprozessor kann selbstverständlich auch zählen, was ja nur eine einfache Form der Addition ist. Er ist dann aber für andere Aufgaben blockiert, und so ist es besser, das Zählen außerhalb des Mikroprozessor-Systems durch einen besonderen Zähler ausführen zu lassen und dann nur die Digitalwerte im Mikroprozessor weiterzuverbeiten.

Ähnlich ist es auch mit allen Aufgaben der Zeiterfassung. Da die einzelnen Befehlstakte in einem Mikroprozessor nach einer festen Taktfrequenz ablaufen, kann man ihn auch als Zeitglied für Verzögerungszeiten und ähnliches einsetzen. Man muß dabei nur berücksichtigen, daß er dann mit der Zeitzählung voll beschäftigt ist und nicht noch gleichzeitig andere Aufgaben durchführen kann. Das Schema zeigt zusammenfassend in Form eines vereinfachten Flußdiagramms, wann ein Mikroprozessor mit besonderem Vorteil Verwendung finden kann.

Wenn es sich um eine verhältnismäßig komplexe Aufgabenstellung handelt, bei der viele Funktionen zu erfüllen sind, muß untersucht werden, ob die Arbeitsgeschwindigkeit des Mikroprozessors für den betreffenden Fall schnell genug ist. Wird diese Frage bejaht, so führt die Entscheidungslinie zum Mikroprozessor. Wird sie verneint, müssen andere Wege der Steuerungstechnik gewählt werden.

Ein Mikroprozessor kann aber auch in Frage kommen, wenn die Zahl der Funktionen nicht allzu groß ist, wenn eine gewisse Flexibilität für die Aufgabenstellung oder deren Lösung erwünscht ist. Während bei einer festverdrahteten Steuerung meist auch schon die kleinste Änderung erhebliche Eingriffe in das Gesamtsystem erfordert, kann ein Mikroprozessor-System allein durch Programmänderung in sehr weitem Sinne angepaßt und leicht geändert werden.

Der Einsatz eines Mikroprozessors ist auch dann empfehlenswert, wenn von vornherein schon abzusehen ist, daß zu einem späteren Zeitpunkt noch Erweiterungen oder Ergänzungen, deren genauer Umfang noch nicht abzusehen ist, vorkommen können. Man hat zwar auch schon versucht, durch modularen Aufbau festverdrahtete Steuerungen von vornherein erweiterungsfähig zu gestalten. Der Aufwand hierfür ist jedoch sehr groß und überhaupt nicht zu vergleichen mit dem Aufwand für ein modular gestaltetes Programm in einer Mikrocomputer-Steuerung.

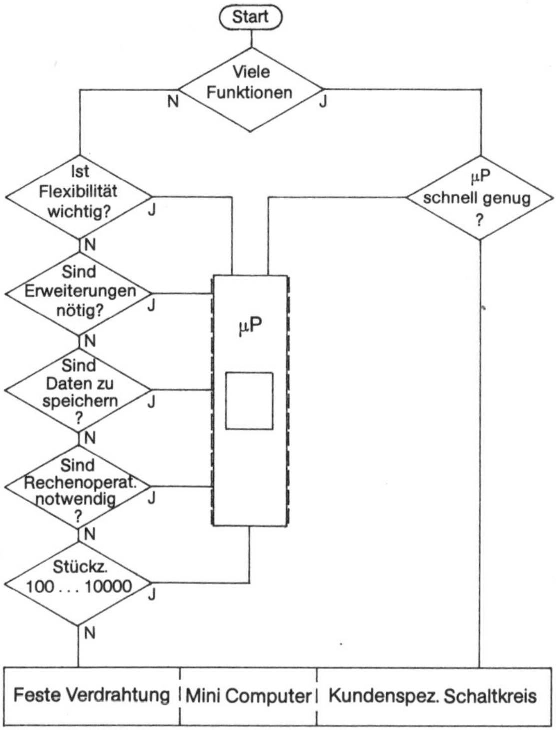

Schema: Entscheidungskriterien für die Verwendung von Mikroprozessoren, insbesondere bei Serienfertigung.

Unbedingt von Vorteil ist der Mikroprozessor auch immer dann, wenn Daten zu speichern sind. Erst mit Einführung der elektronischen Speicherelemente, die mit dem Mikroprozessor zusammenwirken, ist es überhaupt möglich geworden, mit vertretbarem Aufwand kleinere Datenmengen so zu speichern, daß ein jederzeitiger Zugriff möglich ist.
Die am besten geeignete Stückzahl für Geräte und Steuerungen mit einem Mikroprozessor liegt in der Größenordnung zwischen hundert und zehntausend. Dies soll nun allerdings nicht bedeuten, daß Mikroprozessoren für einzelne, nach Kundenwunsch gebaute Steuerungen ungeeignet sind. Immer wenn Daten zu speichern sind oder arithmetische Funktionen erfüllt werden müssen, oder wenn Flexibilität und Erweiterungsmöglichkeit wichtig sind, kann die Verwendung eines Mikroprozessors auch durchaus schon bei Einzelfertigung sinnvoll sein, wenn

es gelingt, die Programmierung wirtschaftlich durchzuführen. Wenn über zehntausend Geräte genau gleicher Ausführung abzusetzen sind, dürfte es zweckmäßig sein zu prüfen, ob nicht ein speziell für den betreffenden Anwendungszweck entwickelter kundenspezifischer Schaltkreis preisgünstiger wird als die Verwendung von Mikroprozessoren.

Verbilligung oder Verbesserung?

Zunächst ist zu unterscheiden, ob die Mikroprozessor-Technik angewendet werden soll, um Vorhandenes zu ersetzen, oder ob es darum geht, für eine Neuentwicklung das richtige Steuerungssystem zu finden.

Im ersten Fall ist immer dann große Vorsicht geboten, wenn es nur um eine Verbilligung geht. Die einzelnen Bauelemente der Mikroelektronik sind zwar verhältnismäßig billig, und so kann man heute die Bauteile für ein komplettes Mikroprozessor-System schon für einen Preis in der Größenordnung von DM 100,– einkaufen, wobei der Preis sogar noch nach unten tendiert. Aber ein Mikroprozessor-System besteht nicht nur aus Hardware, sondern auch aus Software. Man muß in jedem Fall die nicht unerheblichen Programmentwicklungskosten und auch die Kosten berücksichtigen, die zunächst einmal aufzuwenden sind, um in die neue Technik einzudringen.

Wenn es nur darum geht, eine schon vorhandene Lösung in festverdrahteter Logik auf Mikroprozessor umzustellen, wird man meist keine Verbilligung ausrechnen können, wenn man ehrlich alle Entwicklungs- und Anlaufkosten mitberücksichtigt.

Man kann davon ausgehen, daß eine Gatter-Funktion durch ca. drei bis acht Mikroprozessor-Befehle ersetzt werden kann. Hierfür sind je nach Prozessortyp circa acht bis zwanzig Speicherplätze im Programmspeicher notwendig. Ein eingearbeiteter Programmierer schafft bei klarer Aufgabenstellung pro Stunde, wenn man das recht aufwendige Fehlersuchen und -testen mit einschließt, etwa fünf bis sechs Befehle bei einer mittleren Programmlänge in der Größenordnung von insgesamt tausend bis zweitausend Befehlen. Hieraus ergibt sich, daß ein Mikroprozessor, wenn etwa dreißig ICs durch ihn ersetzt werden können, lohnend sein kann, aber dabei sind noch keinerlei Anlaufkosten für die Einarbeitung des Personals und die Beschaffung eines Programmiergerätes berücksichtigt.

Ganz anders sieht die Rechnung aus, wenn man mit der Umstellung der Technik sein Gerät zugleich auch wesentlich verbessern und dem Kunden dadurch mehr Nutzen liefern kann. Unter der Voraussetzung, daß der Mikroprozessor für die Aufgabenstellung schnell genug ist, bietet er Möglichkeiten, die bei kleinen Serien mit einer anderen Technik überhaupt nicht zu verwirklichen sind. Der Bedienungskomfort kann praktisch bei jedem Gerät durch den Mikroprozessor verbessert werden. Es lassen sich bei genügendem Nachdenken im allgemeinen auch die Arbeitsabläufe verbessern, vereinfachen oder verbilligen, wenn die Möglichkeit, die der Mikroprozessor bietet, auch voll ausgenutzt wird.

Darüber hinaus wird die Produktpflege erleichtert, wenn ein Mikroprozessor-System einmal steht und entwickelt ist. Es ist wesentlich einfacher, allein durch Programmänderung zusätzliche Funktionen zu erfüllen oder gewisse Verfahrensabläufe anders zu gestalten, als dies bei einer festverdrahteten Steuerung möglich ist.

Nach den bisherigen Erfahrungen dürfte im allgemeinen auch die Betriebssicherheit eines Mikroprozessor-Systems größer sein als die einer herkömmlichen Elektronikanlage gleichen Umfangs. Schon allein das Einsparen an Lötstellen und Steckverbindungen erhöht die Betriebssicherheit. Darüber hinaus wird man bei der Programmierung einer Mikroprozessor-Steuerung immer gewisse Testroutinen vorsehen, die das Erkennen von Störungen erleichtern. Es ist also auch zu erwarten, daß die Instandhaltung und der Service für mikroprozessor-gesteuerte Anlagen leichter, einfacher und damit billiger durchzuführen ist als für herkömmliche Steuerungen.

Nicht zu vergessen ist auch die Tatsache, daß eine Mikroprozessor-Steuerung im räumlichen Umfang sehr viel kleiner ist als eine herkömmliche Steuerung mit fester Verdrahtung. Unabhängig von der Kosteneinsparung an Gehäuse, Steckern, Leiterplatten usw. ergeben sich hierdurch oft ganz neue Möglichkeiten für die äußere Gestaltung des Gerätes, die auch zur Verkaufsförderung ausgenutzt werden können.

Man wird mit der Mikroprozessor-Verwendung bei schon vorhandenen Geräten nur dann Erfolg haben, wenn man die großen Möglichkeiten, die die neue Technik bietet, auch voll ausnutzt, also seinen Kunden neue Funktionen und Verbesserungen im Verfahren und in der Bedienung anbietet. Solange man hierdurch gegenüber den Wettbewerbern ein besseres Erzeugnis anbieten kann, hat man auch die Möglichkeit, die Anlauf- und Entwicklungskosten in den Preis mit einzurechen. Der schöpferischen Phantasie sind darum keine Grenzen gesetzt.

Etwas anders zu beurteilen ist die Frage der Wirtschaftlichkeit bei reinen Neuentwicklungen. Hier ist zu unterscheiden, ob es sich um ein Seriengerät handelt oder um Einzelentwicklungen nach kundenspezifischen Wünschen.
Bei Entwicklungen von Seriengeräten dürfte in erster Linie das Preis-/Leistungs-Verhältnis der Hardware eine bedeutende Rolle spielen. Die Wahl des richtigen Prozessortyps, der möglichst wenig zusätzliche Bausteine erfordern soll, ist dabei wichtig. Es ist zu entscheiden, ob der Einsatz eines 4-bit- oder eines 8-bit-Prozessortyps preisgünstiger wird, wobei natürlich nicht nur der Anschaffungspreis des Prozessors selbst, sondern auch die dazugehörigen Speicher mitzuberücksichtigen sind.
Die Mikroprozessoren der einzelnen Hersteller unterscheiden sich in einigen Punkten wesentlich. So zum Beispiel bezüglich der Spannungsversorgung, des Befehlssatzes, der Arbeitsgeschwindigkeit und der Zahl der adressierbaren Ein- und Ausgänge. Gegebenenfalls müssen also mehrere Typen überprüft und der für den betreffenden Einsatz geeignetste Typ herausgefunden werden.
Im allgemeinen können Einzelfunktionen einer Aufgabenstellung sowohl durch Hardwarebausteine als auch durch Teilprogramme ausgeführt werden. Soweit dies zeitlich möglich ist, sollte der Mikroprozessor immer so viel wie möglich ausgenutzt werden und so viele Aufgaben wie möglich durch Programmierung erfüllen, denn zusätzliche Hardware kostet bei Seriengeräten meist mehr Geld als ein etwas aufwendigeres Programm.
Andere Überlegungen gelten bei Einzelentwicklungen, wenn also spezielle Kundenwünsche erfüllt werden sollen. Hier zählen in erster Linie die Programmier- und Entwicklungskosten. Es ist darum besonders wichtig, daß die Klärung der Aufgabenstellung vollständig abgeschlossen ist, bevor mit der eigentlichen Entwicklung begonnen wird. Nach einer ersten Systembeschreibung ist vor allem das Flußdiagramm ein hervorragendes Mittel, den Ablauf der Befehlsfolge im Mikroprozessor allgemeinverständlich darzustellen und mit dem Kunden der Anlage die gewünschten Funktionen abzustimmen.
30 bis 50 Prozent der Gesamtentwicklungskosten einer Mikroprozessorsteuerung können in der Vorbereitungsphase der Aufgabenklärung anfallen, und so lohnt es sich schon, auch die kaufmännischen Mitarbeiter, die die Verhandlungen mit dem Kunden führen, in die Mikroprozessor-Technik einzuweisen

und sie im »sequenziellen« Denken, das die Mikroprozessor-Technik erfordert, zu schulen. Die eigentliche Programmentwicklung sollte auf alle Fälle erst dann beginnen, wenn wirklich alle Funktionsabläufe und Bedienungsmöglichkeiten mit dem Kunden geklärt und festgelegt sind.

Zum zweiten muß man beim Einsatz der Mikroprozessor-Technik für Kleinserien oder Einzelfertigungen versuchen, sowohl bei der Hardware als auch bei der Software zu einheitlichen Modulen zu kommen. Man wird also einen möglichst universellen Prozessortyp mit vielseitiger Programmiermöglichkeit wählen, auch wenn dieser vielleicht etwas teurer ist und bei der einen oder anderen Aufgabe nicht voll ausgelastet wird. Auf alle Fälle sollte man anstreben, die notwendigen Leiterplatten zu vereinheitlichen, oder man sollte sogar die von den Herstellern angebotenen kompletten Systeme kaufen. Man sollte also immer versuchen, für die doch im allgemeinen bei einer Produktgruppe meist ähnlichen Aufgabenstellungen mit einer einheitlichen Hardware auszukommen und die vom Kunden gewünschten Variationen in die Software zu legen.

Man muß aber auch die Software standardisieren und so weit wie möglich mit Programmblöcken und vereinheitlichten Unterprogrammen arbeiten. Bei richtiger Analyse der Kundenwünsche wird man viel Ähnlichkeiten in den Aufgabenstellungen feststellen. Diese Ähnlichkeiten sollte man schon bei den ersten Verhandlungen mit den Kunden fördern. Es hat sich herausgestellt, daß eine Aufgliederung der Kundenwünsche in einheitliche Module in Form von Unterprogrammen sehr viel einfacher durchzuführen ist als eine Modulartechnik in der Hardware. Man muß sich also eine Programmbibliothek schaffen. Dann braucht man die vorhandenen Programme nur noch entsprechend den Kundenwünschen anzupassen und miteinander zu verbinden. Auch dies ist nicht ganz so einfach, wie es hier gesagt wird. Das erfordert viel Erfahrung und Kenntnisse im Programmieren, die man jedoch bei entsprechendem Fleiß und etwas Ausdauer erwerben kann.

So kann es also auch durchaus reizvoll sein, sogar in der Einzelfertigung nach Kundenwunsch, Steuerungen mit einem oder mehreren Mikroprozessoren als Zentraleinheit zu verwenden, wenn es gelingt, weitgehend mit standardisierten Programmen zu arbeiten.

Problematik der Sensoren und Stellglieder

Die Stromaufnahme eines Mikrocomputers liegt im Milliampère-Bereich. Er kann also nur Signale verarbeiten und keinerlei Leistung aufnehmen oder abgeben. Soweit es sich um die Datenverarbeitung handelt, stehen aus der Computerentwicklung auch für den Mikrocomputer geeignete Ein- und Ausgabegeräte wie Tastaturen, Lochstreifenleser, Leuchtanzeigen, Fernsehmonitoren, Drucker sowie Platten und Bandspeicher zur Verfügung, die für die Aufnahme von Signalen eingerichtet sind.

Für den Einsatz des Mikroprozessors in der Steuerungstechnik fehlen jedoch zur Zeit noch geeignete Sensoren, das heißt Geräte, die mechanische oder sonstige physikalische Zustände direkt an den Mikroprozessor melden können. Soweit es sich um Meßwertaufnehmer handelt, die eine mechanische Größe als elektrisches Analogsignal ausgeben, können diese über einen *Analog-Digitalwandler* mit dem Mikroprozessor verbunden werden. Da der Prozessor immer nur rein digital, das heißt mit Zahlenwerten arbeiten kann, wäre es also viel besser, wenn auch das betreffende Meßgerät unmittelbar Zahlenwerte ausgeben könnte. Auf diesem Gebiet wird sicherlich in der nächsten Zeit noch viel Erfindungsarbeit notwendig sein, um die Möglichkeiten, die der Mikroprozessor bietet, voll auszuschöpfen.

Ähnliches gilt für die Ausgangsseite eines Mikroprozessor-Systems. Auch dort stehen nur Signale zur Verfügung, mit denen noch keine Arbeit geleistet werden kann. Wenn dies notwendig ist, muß dem Mikroprozessor ein entsprechendes Schaltelement nachgeordnet werden, das in der Lage ist, auch größere Ströme zu schalten. Durch dieses Schalten werden dann sogenannte Stellglieder betätigt, die das ausführen, was durch die Mikroprozessor-Steuerung als Ziel erreicht werden soll.

Auch bei den Stellgliedern wird sicherlich noch viel Entwicklungsarbeit erforderlich sein, um sie den Möglichkeiten der Mikroprozessor-Technik anzupassen. Man sieht dies bereits an den neuen Fernschreibern und Druckern. Bei ihnen haben sich durch die Verwendung von Bauelementen der Mikroelektronik auch für die mechanischen Teile völlig neue Lösungen ergeben.

Mit dem Mikroprozessor beginnen?

Der Einstieg in die neue Technik

Das Flußdiagramm ist ein besonders gutes Mittel, den Ablauf eines Vorganges darzulegen. Deshalb sei diese Technik auch für die Beschreibung der Möglichkeiten, neu mit der Mikroprozessor-Technik zu beginnen, benutzt.
In jedem Fall ist es notwendig, daß diejenigen, die für Entscheidungen in einer Firma zuständig sind, sich gewisse Grundkenntnisse über den Mikroprozessor und seine Anwendung verschaffen. Es gibt hierfür eine Reihe von Seminaren. Die ersten Fachbücher über Mikroprozessoren in deutscher Sprache sind inzwischen erschienen.
Leider sind viele Seminarveranstaltungen und Bücher auf das Wissen von Elektronikfachleuten ausgerichtet. Es werden deshalb Grundkenntnisse vorausgesetzt, die ein Maschinenbauer oder gar ein Kaufmann normalerweise nicht hat. Dies wurde aber auch inzwischen schon als Nachteil erkannt, und so gibt es bereits Veranstaltungen, bei denen nicht so sehr die Technik, sondern mehr die Anwendung im Vordergrund steht.
Zu einem gewissen Zeitpunkt muß dann entschieden werden, ob die Mikroprozessor-Technik für das eigene Produkt überhaupt geeignet ist oder nicht. Hierbei sollte man sehr zukunftsorientiert denken und sich selbst dann noch mit dem Mikroprozessor weiterbeschäftigen, wenn der Einsatz in naher Zukunft noch nicht vorauszusehen ist.
Empfehlenswert ist es, einen Projektleiter zu bestimmen. Dieser Mann braucht kein Elektroniker zu sein, muß aber das eigene Produkt so gut wie möglich kennen. Ihm muß Zeit gegeben werden, sich mit der Mikroprozessor-Technik so zu befassen, daß er als Koordinator aller weiteren Arbeiten dienen kann, wobei er die Detailarbeit, zum Beispiel das Programmieren, ruhig Fachleuten überlassen wird.
Wenn die Firma bereits eine Elektroabteilung hat, wird es oft möglich sein, darin einen geeigneten Mitarbeiter zu finden, der

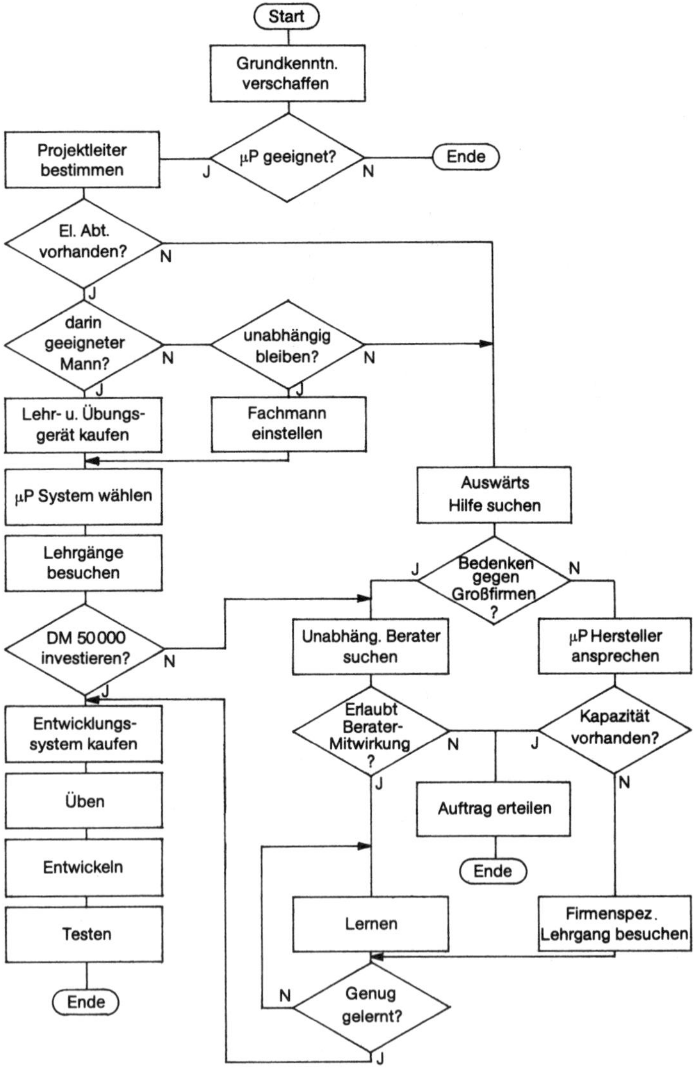

Abb. 23 Möglichkeiten mit der Mikroprozessor-Technik zu beginnen. Als Flußdiagramm dargestellt.

die fachliche Voraussetzung besitzt, nach entsprechender Schulung und Übung selbst mit dem Mikroprozessor zu arbeiten.
Die Hersteller von Mikroprozessoren, deren deutsche Vertretungen sowie auch unabhängige Institute veranstalten Kurse, die Grund- und Aufbaukenntnisse vermitteln. Sinnvoll sind diese Veranstaltungen für Elektroniker nur dann, wenn diese anschließend auch selbst mit einem Mikroprozessor arbeiten, also üben können.
Es werden darum jetzt auch in Deutschland gut durchdachte und verhältnismäßig preiswerte Lern- und Übungsgeräte auf den Markt gebracht, die es einem Elektriker auch ohne besondere Kenntnisse in der Elektronik erlauben, durch Selbststudium und Experimentieren die Mikroprozessor-Technik zu lernen. Man kann mit diesen Geräten auch kleine Programme entwickeln und deren Funktion testen, aber sie sind nicht für die eigentliche Programmentwicklung gedacht und darum auch wesentlich billiger als richtige Mikrocomputer-Entwicklungsgeräte.
Ist kein geeigneter Mann vorhanden, so muß, wenn man unabhängig bleiben will, ein entsprechender Fachmann eingestellt werden. Wenn man in der Firma keinen entsprechenden Mitarbeiter findet, oder wenn überhaupt keine Elektroabteilung vorhanden ist, ist zu entscheiden, ob man auch weiterhin mit auswärtiger Hilfe arbeiten oder von vornherein durch Aufbau einer entsprechenden Entwicklungsabteilung unabhängig bleiben will.
Für die auswärtige Hilfe gibt es im Prinzip zwei Möglichkeiten. Entweder kann man sich von den Großfirmen, die Mikroprozessoren herstellen, beraten lassen und ist dann im allgemeinen an eine Firma mehr oder weniger gebunden, oder man bedient sich der Hilfe einer unabhängigen Beratungs- und Entwicklungsfirma, deren Dienst man bezahlen muß. Auch bei der Zusammenarbeit mit Herstellerfirmen werden Kosten entstehen, denn diese können in ihren anwendungstechnischen Laboratorien nur sehr bedingt Arbeiten für Kunden ausführen. Auf alle Fälle werden die Herstellerfirmen jedoch bemüht sein, Kenntnisse über die Anwendung ihrer Produkte weiterzuvermitteln, so daß die eigenen Mitarbeiter sich das notwendige Wissen für eigene Arbeit erwerben können.
Etwas schwieriger sind die Verhältnisse, wenn man mit unabhängigen Entwicklungsfirmen zusammenarbeitet. Das Geschäft dieser Firmen ist es, Entwicklungen zu verkaufen, und so werden sie nicht besonders gern ihre Kenntnisse und Erfahrungen

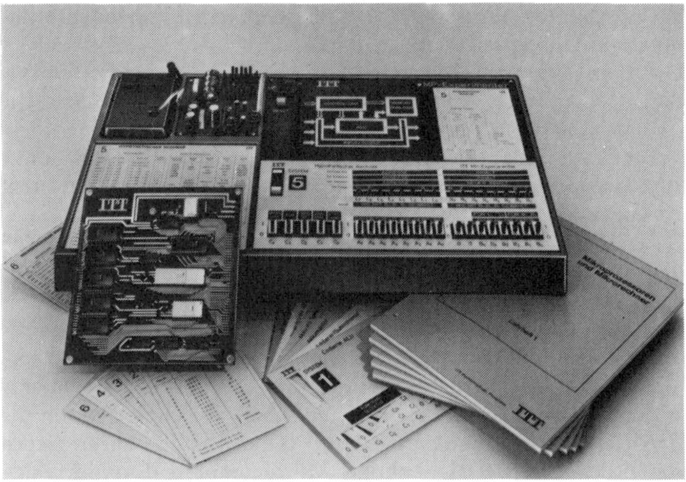

Abb. 24 Mikroprozessor. Lehr- und Übungsgerät zum Selbststudium.
Das Gerät ermöglicht mit Hilfe der verständlich geschriebenen Lehrhefte, schrittweise in die Mikroprozessor-Technik einzudringen und sie zu verstehen. Es erlaubt bisher in der Schaltungsentwicklung tätig gewesenen Technikern, sich in die Praxis des Programmierens einzuarbeiten.
(Werkfoto: Standard Elektrik Lorenz AG, Pforzheim)

an ihre Kunden weitergeben. Es dürfte jedoch eine Frage der Verhandlungen sein, mit dem Entwicklungsauftrag zugleich auch einen Lehrauftrag zu vergeben. Auch wenn dies teurer wird, muß man dafür sorgen, daß die eigenen Mitarbeiter etwas lernen.
Zu irgendeinem Zeitpunkt wird man sich dann für ein bestimmtes Mikroprozessor-System, das heißt für einen bestimmten Hersteller, entscheiden müssen. Man ist dann zwar nicht immer und ewig an diesen gebunden. Aber wenn nicht besondere Gründe dagegen sprechen, wird man im allgemeinen doch bei dem Mikroprozessor bleiben, mit dessen Hardware und Programmiertechnik man am besten vertraut ist.
Wenn man selbst an eine Programmentwicklung denkt, kommt dann der Zeitpunkt, wo eine echte Investition notwendig ist; denn es muß ein Mikroprozessor-Entwicklungssystem gekauft werden. In der Theorie ist es zwar auch möglich, ein Programm

nur mit Hilfe von Bleistift und Papier zu schreiben. In der Praxis ist dies jedoch außerordentlich mühsam und auch zeitaufwendig, so daß man im allgemeinen die Hilfe eines Computers für die Programmierung in Anspruch nehmen wird. Wenn ein geeigneter Großcomputer zur Verfügung steht (oder im Timesharing benutzt werden kann), braucht man nur ein geeignetes Übersetzungsprogramm, das der Mikroprozessor-Hersteller meist zur Verfügung stellen kann. Für die meisten Zwecke ist jedoch die Beschaffung eines speziellen Mikroprozessor-Entwicklungsgerätes, das im wesentlichen aus einem Mikroprozessor als Herzstück, Speicherelementen und je einer Eingabe- und Ausgabeeinrichtung besteht, zu empfehlen. Einfache Geräte, die allerdings in der Bedienung nicht besonders komfortabel sind, erfordern einen Investitionsaufwand in der Größenordnung von DM 10 000 bis DM 15 000, während hochentwickelte Geräte mit einem Schnelldrucker und einem Fernsehmonitor bis zu etwa DM 50 000 kosten.

Dann kommt die große Bewährung für die Mitarbeiter, die bisher gelernt und über die Schulter geguckt haben, denn nun müssen sie selbst etwas leisten. Schnelle Erfolge kann man aber auch jetzt noch nicht erwarten, denn zunächst muß geübt werden. Nur durch eigene Übung sind die vielen kleinen Schwierigkeiten zu überwinden, die zunächst immer beim Programmieren auftreten.

Vergessen werden darf hierbei natürlich auch nicht die Entwicklung für die Hardware. Man kann sich diese Arbeit jedoch wesentlich erleichtern, wenn man komplette Mikrocomputer-Systeme und nicht einzelne Bausteine kauft. Man wird dann zwar nicht immer zu der preisgünstigsten und optimalsten Lösung der eigenen Aufgaben kommen, spart jedoch am Anfang viel Arbeit und Ärger.

Insbesondere wenn es darum geht, zunächst vorsichtig mit der neuen Technik zu beginnen, und wenn noch keine großen Serien in Frage kommen, bringt der Kauf von komplett zusammengebauten Systemen, die von den Herstellern meist als voll bestückte und geprüfte gedruckte Schaltungen angeboten werden, erhebliche Vorteile. Diese Systeme sind für sehr viele Aufgaben in der Steuerungstechnik ohne (oder mit nur sehr wenigen) zusätzlichen Bauelementen verwendbar. Darum sind sie auch für kleine Serien durchaus geeignet. Man kann sich so zunächst auf die Programmentwicklung konzentrieren und vermeidet die manchmal nicht einfache Abstimmung des Programms mit neu entwickelter Hardware.

Chancen und Gefahren der Mikroprozessor-Technik

Ohne jeden Zweifel bringt der Mikroprozessor für viele Gebiete der Technik ganz neue Chancen und Möglichkeiten. Es ist heute noch nicht zu beurteilen, auf welchen technischen Gebieten im einzelnen völlig neuartige Geräte entstehen werden. Aber man kann wohl schon sagen, daß in vielen Fällen Mechanik durch Elektronik ersetzt werden wird. Dies muß, gesamtwirtschaftlich gesehen, nicht unbedingt zur Einschränkung der mechanischen Fertigung generell führen, denn der Mikroprozessor ermöglicht den Bau von neuartigen Geräten, die ohne seine Technik nicht herstellbar sein würden, und für diese neuen Erzeugnisse wird auch wieder ein angemessener Anteil an Mechanik gebraucht werden.

Für das einzelne Unternehmen kann die Rechnung nun allerdings anders aussehen. Wenn die Mikroprozessor-Technik bisher angewandte Techniken ersetzt, gibt es recht erhebliche Probleme, und zwar sowohl auf der Personalseite als auch in der Unternehmensstruktur. Das Schema Abb. 25 möge dies noch etwas näher erläutern.

Die Mikroprozessor-Technik ist für die meisten Unternehmen völlig neu. Deshalb müssen auch die Mitarbeiter dieser Unternehmen neues Wissen erwerben. Es genügt nicht, wenn sich einige wenige Mitarbeiter der Elektroabteilung darin auskennen. Das Know-how, das in einem organisch gewachsenen Unternehmen steckt, ruht auf einem breiten Fundament von Können und Wissen vieler Mitarbeiter. Es ist nicht nur auf die Forschungs- und Entwicklungsabteilung beschränkt. So muß man, wenn man in der Mikroprozessor-Technik Erfolg haben will, für eine breite Grundlage des Wissens sorgen, das heißt, ein größerer Teil der Mitarbeiter sollte zumindest etwas über die Grundlagen der Mikroprozessor-Technik wissen.

Als Bauelement ist der Mikroprozessor erst wenige Jahre alt, und schon spricht man von der zweiten oder auch gar schon dritten Generation. Die technische Entwicklung ist außerordentlich schnell, so daß alle diejenigen, die sich damit beschäftigen, zur ständigen Weiterbildung bereit sein müssen. Hier ist die auch im sonstigen Berufsleben immer mehr zunehmende Tendenz ganz deutlich zu erkennen, daß die Ausbildung bei Berufsbeginn keinesfalls für das gesamte berufliche Leben ausreicht. Dies müssen alle Mitarbeiter verstehen und sich danach richten, wobei die Weiterbildung nicht allein durch den Betrieb

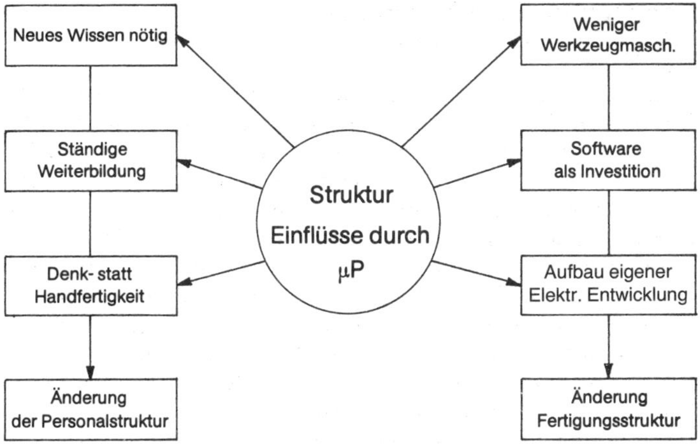

Abb. 25 Einflüsse auf Personal- und Unternehmensstruktur durch die Anwendung der Mikroprozessor-Technik.

veranlaßt werden kann, sondern weitgehend auch Aufgabe für jeden einzelnen ist.

Schon jetzt ist zu übersehen, daß in vielen Bereichen, in denen der Mikroprozessor zum Einsatz kommt, Handfertigkeit durch Denkfertigkeit ersetzt wird. Dies erfordert neue Zielsetzung sowohl bei der Ausbildung als auch bei der Auswahl von Mitarbeitern. Die Elektronik ist eine junge Wissenschaft, und die meisten Elektroniker sind im Lebensalter noch verhältnismäßig jung. Trotzdem wäre es falsch, von vornherein anzunehmen, daß nur junge Leute in der Lage sind, als Elektroniker zu arbeiten und so zum Beispiel die Zusammenhänge der Mikroprozessor-Technik zu verstehen. Im Gegenteil, es sollte versucht werden, daß Mitarbeiter, die die Probleme der eigenen Erzeugnisse kennen, sich zusätzlich mit der Mikroprozessor-Technik vertraut machen. Denn nur wenn diese optimal für das zu bauende Erzeugnis eingesetzt wird, kann eine allseits befriedigende und wirtschaftlich vernünftige Lösung gefunden werden.

Die genannten Überlegungen können zu einer Änderung in der Personalstruktur in einem Unternehmen führen. Im allgemeinen geht es nicht von heute auf morgen, aber man muß die Zeichen rechtzeitig erkennen und sich dementsprechend verhalten.

Aber auch die ganze Unternehmensstruktur kann, soweit es sich um einen Fertigungsbetrieb handelt, durch den Einsatz der Mikroprozessor-Technik erheblich verändert werden. Wenn Mechanik durch Elektronik ersetzt wird, müssen nicht nur

Menschen umgeschult werden, es werden auch Werkzeugmaschinen arbeitslos. Für eine Elektronikfertigung sind völlig andere Einrichtungen notwendig, als sie für die mechanische Fertigung gebraucht wurden. Wenn auch die Einrichtung für elektronische Fertigung selbst nicht besonders viel Kapital erfordert, so kann doch ein sehr erheblicher Kapitalbedarf entstehen, wenn man gezwungen wird, die Baustein- und Produktprüfung ganz oder teilweise zu automatisieren.
Ein schwieriges Problem stellt oft die Behandlung der Anlaufkosten und insbesondere der Kosten für die Programmierung in der Bilanz dar. Da diese Kosten am Anfang der Entwicklung oft noch nicht aus dem Gewinn finanziert werden können, muß durchaus überlegt werden, ob eine Aktivierung möglich und zweckmäßig ist. Man kann zum Beispiel eine Programmbibliothek durchaus als Investition auffassen, die dann erst entsprechend der Nutzungsdauer abzuschreiben ist.
Viele Firmen des Maschinenbaus oder der Feinmechanik sind rein mechanisch orientiert und haben keine nennenswerte Elektrofertigung oder gar Elektroentwicklungsabteilung. Notwendige Steuerungen werden von Spezialfirmen bezogen, was, da das Know-how des Erzeugnisses in der Mechanik liegt, meist auch zu keinen Schwierigkeiten führt. Wenn nun jedoch durch den Einsatz von Mikroprozessoren ein Teil der mechanischen Fertigung wegfällt, muß ernsthaft überlegt werden, ob zumindest ein Teil der durch die Verwendung von Elektronik neu entstehenden Aufgaben wieder in die Firma zurückzuholen ist, sonst bleibt möglicherweise für das Unternehmen zu wenig eigene Entwicklungsmöglichkeit auf das Produkt übrig. Die Fertigungstiefe wird zu klein, und das Know-how landet bei der Firma, die den Mikroprozessor programmiert.

Ist der Mikroprozessor ein Jobkiller oder die vierte industrielle Revolution?

Wenn man die Geschichte der Industrie aus heutiger Sicht rückschauend betrachtet, so kann man drei herausragende Entwicklungen feststellen, die nicht nur die Industrie im engeren Sinne beeinflußt haben, sondern die im weitesten Sinn das Leben aller folgenden Generationen mitbestimmten.

Es sind dies:

- Die Erfindung und Einführung von Kraftmaschinen ab etwa der ersten Hälfte des 19. Jahrhunderts.
- Die Erfindung der Dynamomaschine und damit die allgemeine Verwendung des elektrischen Stroms ab Ende des 19. Jahrhunderts.
- Die Entwicklung der Computertechnik, beginnend in den 50er Jahren dieses Jahrhunderts.

Als Revolution bezeichnet man im allgemeinen eine umwälzende Änderung aller vorher geltenden Grundwerte und Anschauungen mit durchgreifender Wirkung auf die Zukunft aller Betroffenen. Man kann nun mit Recht behaupten, daß die drei erwähnten Entwicklungen wirklich revolutionäre Wirkungen auf die gesamte Menschheit hatten.

Zu Beginn des industriellen Zeitalters, in dem immerhin schon Bergwerke betrieben wurden und in sogenannten Manufakturen auch schon Hunderte von Arbeitskräften mit im wesentlichen gleichbleibenden Arbeiten beschäftigt waren, gab es neben den Naturkräften, Wind und Wasser, nur den Menschen oder das Tier zur Kraftleistung für mechanische Arbeit. Auch für die Fortbewegung, also den Verkehr, stand für Landfahrzeuge nur die Kraft der Tiere zur Verfügung, denn die in der Schiffahrt so erfolgreich eingesetzte Windkraft ist für den Landverkehr nicht brauchbar.

Als es zum erstenmal gelang, die in der Kohle und anderen Stoffen gespeicherte chemische Energie in Bewegungsenergie umzusetzen und damit Arbeit zu leisten, war dies ein ungeheuerer Fortschritt. Die Erfindung der Dampfmaschine war nur ein Schritt in diese Richtung. Es hat viele Jahre gedauert, bis

man die neue, krafterzeugende Maschine beherrschen lernte. Aber dann gab es unzählige neue Entwicklungen, um diese »künstliche Kraft« auszunutzen, an welche die menschliche Phantasie vorher überhaupt noch nicht gedacht hatte.
Der Gedanke, eine Dampfmaschine auf Räder zu stellen und auf eisernen Schienen rollen zu lassen, hat nicht nur ganze Kontinente erschlossen, sondern ganz konkret für jeden einzelnen dazu beigetragen, daß Reisen auch für die Masse der Bürger möglich wurde. Die Dampfschiffahrt brachte einen ungeahnten Aufschwung des Welthandels. Die Verbilligung der Fertigung aller Gebrauchs- und Verbrauchsartikel durch den Einsatz von Kraftmaschinen erlaubte es erstmalig auch der breiten Masse, Dinge zu kaufen, die früher nur wenigen Wohlhabenden vorbehalten waren.
Dann kamen durch den Verbrennungsmotor, der letzten Endes weitgehend auf dem Prinzip der Kolbendampfmaschine beruht, wieder ganz neue Impulse. Das geringe Gewicht dieser neuen Kraftmaschine erlaubte den Bau des Automobils. Und schon wenige Jahre später lernte der Mensch das Fliegen. Hiermit wurde zwar ein alter Menschheitstraum verwirklicht. Aber selbst die kühnsten Zukunftspropheten haben wohl nicht vorausgesehen, wie sehr das Auto (und in gewissem Maße auch das Flugzeug) unser aller Leben verändert und beeinflußt hat.
Völlig verrechnet haben sich aber alle sogenannten Sachverständigen, die wegen der Fortentwicklung der Technik glaubten, schwarzsehen zu müssen. Die Maschinenstürmer, die den Fortschritt aufhalten wollten, haben immer nur kurze Zeit ihre Argumente gehabt und wurden bald durch die Tatsachen widerlegt. Verlorene Arbeitsplätze wurden meist sehr schnell von neuen Arbeitsmöglichkeiten ersetzt. Die Welt ist durch die Entwicklung der Technik nicht ärmer geworden, wie es immer wieder falsche Propheten verkünden, sondern diese Entwicklung hat es überhaupt erst möglich gemacht, daß über einen kleinen Kreis Begüterter hinaus jetzt alle Menschen in den Industrienationen ein Leben ohne frühzeitigen körperlichen Verschleiß führen können.
Ende des 19. Jahrhunderts begann dann die zweite industrielle Revolution mit Auswirkungen auf uns alle. Nachdem es durch die Erfindung der Dynamomaschine gelungen war, elektrische Energie in immer größerem Maße zu erzeugen, stand mit dem Elektromotor eine Maschine zur Verfügung, die den Menschen nun fast vollständig von der körperlichen Arbeit befreite. Unzählige Arbeitsmaschinen, durch Elektromotoren angetrie-

ben, übernehmen heute in der Wirtschaft und in den Haushalten früher manuell ausgeführte Tätigkeiten, wobei der Mensch aber immer noch vielfältige Steuer- und Bedienungsfunktionen erfüllen muß.

Auch hierdurch sind gesamtwirtschaftlich gesehen sehr viel mehr neue Arbeitsplätze geschaffen als vernichtet worden. Erst der Elektromotor hat die Erfindung und Konstruktion von vielen neuen Apparaten und Geräten möglich gemacht, die früher überhaupt nicht denkbar waren, weil es kein kleines und leichtes Antriebsmittel gab.

Man braucht hier zum Beispiel nur an die Haustechnik (Fahrstuhl, Staubsauger, Ölbrenner und vieles andere mehr), aber auch an die Hilfsaggregate im Kraftfahrzeug (Anlasser, Wischer usw.) zu denken, um die gewaltigen Neuschaffungen von »Bedarf« auch in vielen anderen Bereichen der Wirtschaft ermessen zu können.

Die Möglichkeit, den elektrischen Strom für alle Aufgaben verfügbar zu haben, hat aber auch neue Anwendungsmöglichkeiten und damit Millionen von Arbeitsplätzen in ganz neuen Industrien hervorgebracht. Zu denken ist an alles, was mit der Nachrichtentechnik und auch mit Funk und Fernsehen zusammenhängt. Aber auch in der Produktionstechnik im weitesten Sinne und unter anderem auch im Gesundheitswesen haben sich neue Verfahren und Anwendungen ergeben, für die der elektrische Strom Voraussetzung war.

Erst nach der Entwicklung der Kraftmaschinen war eine wirtschaftliche Erzeugung der elektrischen Energie möglich. Die allgemeine Verfügbarkeit des elektrischen Stroms war wiederum Voraussetzung für die dritte industrielle Revolution, den Durchbruch der Computertechnik, die wir jetzt alle miterleben. Wenn die Kraftmaschine dem Menschen körperliche Arbeit abnahm und ihm Freiheit in der Fortbewegung gab und die Elektrizität ihm Arbeitserleichterungen und Kommunikationsmöglichkeiten verschaffte, so nahm der Computer ihm die geistige Routinearbeit ab. Computer sind keine Denkmaschinen, denn schöpferisch denken kann nur der Mensch, aber Computer können viele Tätigkeiten, die das menschliche Gehirn nur langsam oder mit beschränkter Aufnahmefähigkeit ausführen kann, außerordentlich schnell und mit fast unbeschränkter Kapazität erledigen. Sie können zwar intelligent entscheiden, aber doch keine eigene Intelligenz entwickeln, und jeder Computer ist nur so gut wie das Programm, das ihm eingegeben ist.

Trotz dieser Beschränkungen hat die Technik der elektronischen

Datenverarbeitung eine ganz ungeheuere Auswirkung auf jede zukünftige Entwicklung der Menschheit. Obwohl die ersten Computer im jetzigen Sinne des Wortes erst ab Mitte dieses Jahrhunderts entstanden, nachdem elektronische Bauteile für Schalt- und Speicherfunktionen zur Verfügung standen, kann man heute schon deutlich erkennen, wie groß der Einfluß dieser Technik auf unser aller Leben ist.
Es gibt zahlreiche Beispiele für technische Entwicklungen, die erst möglich wurden, als Computer, hier wirklich als »Rechner« verwendet, in der Lage waren, umfangreiche Berechnungen, die früher Monate dauerten, in Stunden oder gar Minuten zu erledigen. Die atemberaubende Entwicklung der Raumfahrt wäre ohne Computerhilfe ebensowenig möglich gewesen wie, um nur ein Beispiel herauszugreifen, die Berechnung sehr leistungsfähiger und doch preiswerter Fotoobjektive.
Der Computer beeinflußt aber nicht nur die Technik, sondern auch das Leben der Menschen auf vielen anderen Gebieten. Erst die Einführung der elektronischen Datenverarbeitung hat die riesige Informationsflut, die in Industrie und Wirtschaft, aber auch bei den Dienststellen der staatlichen Verwaltung alle Dämme zu brechen drohte, einigermaßen beherrschbar gemacht. Nur durch von einem Computer gesteuerte Datenbanken kann noch eine Übersicht über wissenschaftliche Veröffentlichungen oder über die Gesetzesbestimmungen geschaffen werden, denn das menschliche Gehirn ist nicht mehr in der Lage, auch nur die Fakten eines Fachgebietes vollständig zu speichern und zu verarbeiten.
Auch die Eigenschaft des Computers, beliebige Vorgänge und Abläufe zu steuern und zu überwachen und sogar nach vorgegebenen Kriterien Vorausberechnungen auszuführen, beeinflußt unser Leben. Wir könnten wohl sicher ohne die bekannten Hochrechnungen in den Wahlnächten auskommen, und andere nicht eingetroffene Voraussagen waren wohl mehr durch Ideologie als durch korrektes Rechnen beeinflußt. Es ist aber eine unbestreitbare Tatsache, daß heute schon Hunderttausende von Computern für uns tätig sind, um die Versorgung im täglichen Leben zu organisieren und vorausschauend sicherzustellen. In einzelnen Bereichen der Wirtschaft und in der Verwaltung kann man sich schon heute überhaupt nicht mehr vorstellen, wie die anfallenden Aufgaben zu bewältigen wären, wenn es keine Computer gäbe.
Man darf auch nicht vergessen, daß die Computer (die man übrigens nicht »Rechner« nennen sollte, denn sie können viel,

viel mehr als rechnen), nicht nur in den Verwaltungen stehen, um dort Daten zu verarbeiten, sondern immer mehr in die Produktionsprozesse eindringen, um dort zu steuern und zu regeln. Viele Herstellungsverfahren, zum Beispiel in der Chemischen Industrie, sind so komplex, daß die Steuerung und Überwachung durch den Menschen allein nicht mehr funktioniert. Der Computer hat ganz neue Fertigungsverfahren ermöglicht und damit sicherlich auch dazu beigetragen, daß uns die Güter des täglichen Lebens in ausreichender Menge zu erschwinglichen Preisen zur Verfügung stehen.

Sogar die uns alle bewegende Frage, wie unser zukünftiger Energiebedarf gesichert werden kann, ist überhaupt nur unter Mitwirkung des Computers zu lösen. Ein Atomkraftwerk muß mit den Mitteln der Computertechnik gesteuert werden, wenn es so betriebssicher sein soll, wie wir es uns alle wünschen.

Und jetzt, im letzten Viertel des 20. Jahrhunderts, stehen wir vielleicht wieder am Anfang einer neuen, der vierten industriellen Revolution, die wieder ganz neue Maßstäbe für die Zukunft setzt. Es ist die Mikroelektronik mit dem Mikroprozessor als kennzeichnendem Bauelement, die uns Möglichkeiten für die Zukunft eröffnet, deren Auswirkungen sich heute überhaupt noch nicht abschätzen lassen.

Durch die außerordentliche Verkleinerung aller elektronischen Bauteile, auch Miniaturisierung genannt, ist es heute möglich, die Zentraleinheit eines Computers mit einem Speichervolumen von viertausend Worten und mehr auf einem kleinen Siliziumkristall von ca. 30 mm^2 Fläche unterzubringen. Mit Hilfe der neuen Technik kann man heute einen Computer in der Größe einer Schreibmaschine bauen, der in der Leistungsfähigkeit durchaus mit einem Gerät der 60er Jahre, das eine ganze Schrankwand brauchte, zu vergleichen ist.

Die Verkleinerung und damit Verbilligung der echten Computer durch die Mikroelektronik ist aber bei weitem nicht das allein Revolutionäre der neuen Technik. Entscheidend ist vielmehr die Möglichkeit, den Mikroprozessor als Denk- und Entscheidungshilfe fast überall dort einzusetzen, wo Verbesserungen von Funktionen oder Bedienungserleichterungen an technischen Geräten oder Anlagen erwünscht sind. Ein Mikroprozessor-System kann für die verschiedensten Aufgaben programmiert werden und leistet dann für die betreffende Aufgabe fast das gleiche wie ein echter Computer, nur sehr, sehr viel billiger. Im Augenblick ist noch nicht abzusehen, wofür der Mikroprozessor überall verwendet wird. Eine ganze Reihe von Beispielen

wurde in den verschiedenen Kapiteln dieses Buches erwähnt – aber täglich kommen neue Anwendungen hinzu. Man rechnet mit einer weiteren Vervollkommnung und Verbilligung der elektronischen Bauelemente, die zu einem Mikroprozessor-System gehören, und so werden sich wieder neue Verwendungen ergeben, wodurch vielleicht wieder eine größere Produktionsstückzahl und damit weitere Verbilligung möglich wird.
Als kleiner Computer wird der Mikrocomputer dem Menschen viel Routinearbeit beim Denken und Handeln abnehmen. Aber wird er nun wirklich zum Jobkiller, wie es von einigen Journalisten schon behauptet wurde? Wird nach allgemeiner Einführung von Mikroprozessoren weniger menschliche Arbeit gebraucht werden, und wird es darum dann mehr Arbeitslosigkeit geben?
Wenn man diese Frage beantworten will, so muß man zunächst die Verhältnisse im Individualbereich eines einzelnen oder einer Firma vom Gesamtbereich einer Volkswirtschaft oder gar der Weltwirtschaft unterscheiden.
Es ist nicht auszuschließen, daß einige Facharbeiter, die in hochspezialisierter Arbeit mechanische Baugruppen fertigen, ihren Arbeitsplatz verlieren, wenn im Zuge der Umstellung auf die Mikroprozessor-Technik die Mechanik durch Elektronik ersetzt wird. Es wird sicherlich auch vorkommen, daß Unternehmen, die die Zeichen der Zeit nicht erkennen oder die die mit der Umorganisation zusammenhängenden Aufgaben nicht meistern, vom Markt verschwinden. Beides braucht aber keinesfalls eine zwangsläufige Folge der neuen Technik zu sein.
Unzählige Beispiele zeigen, daß Mechaniker sehr wohl zu Elektronikern umgeschult werden können, und ein Ingenieur oder Facharbeiter aus dem Bereich der Mechanik, der zusätzlich noch Elektronikkenntnisse erworben hat, dürfte sogar viel leichter in der Arbeitswelt vorankommen als ein Nur-Elektroniker.
Auch für die erfolgreiche Umstrukturierung ganzer Unternehmen oder Werke gibt es jetzt Beispiele. Wenn alle in einem Betrieb vorhandenen schöpferischen Kräfte zusammenarbeiten, kann sogar eine erzwungene Umstellung ganz neue Ziele setzen und den Bestand eines Unternehmens wieder für die voraussschaubare Zukunft sichern.
Es gibt aber noch weitere Argumente, die dagegen sprechen, daß der Mikroprozessor generell Arbeitsplätze vernichten wird. Die Mikroelektronik erlaubt es nämlich, technische Wunschträume zu verwirklichen, für die schon heute ein echtes Bedürfnis besteht, die aber mit der bisherigen Technik noch nicht wirt-

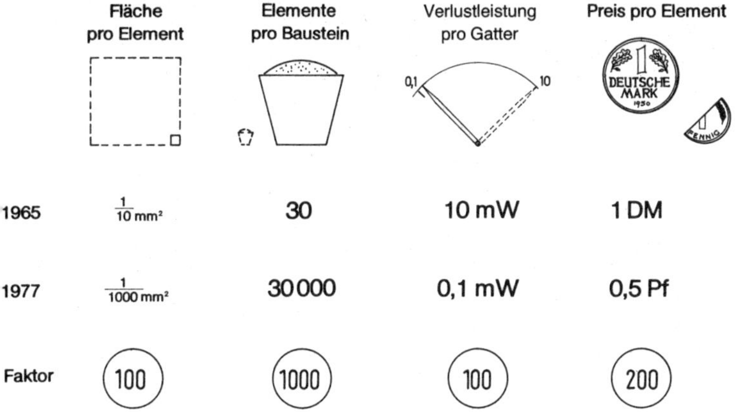

Abb. 26 Entwicklung der Halbleitertechnik 1965–1977.
Die Technik elektronischer Halbleiter, also der Bauelemente für Integrierte Schaltkreise wie Mikroprozessoren, hat zu immer kleineren und billigeren Elementen geführt. Es erscheint nicht ausgeschlossen, daß bis 1985 noch einmal eine Verbesserung um den Faktor 10 verwirklicht wird.

schaftlich zu erfüllen waren. Zwei Beispiele mögen dies verdeutlichen.
Die Fortschritte der medizinischen Forschung haben es möglich gemacht, Kunstglieder so zu bauen, daß sie durch die vom Gehirn ausgehenden elektrischen Impulse in den Nervenbahnen des Stumpfes gesteuert werden können. Die Befehlssignale müssen allerdings durch einen Computer ausgewertet und in Bewegungen der künstlichen Glieder umgesetzt werden. Bisher war für diese Umsetzung ein Gerät mindestens in der Größe einer Schreibmaschine notwendig, was die praktische Anwendung unmöglich machte. Es dürfte nicht mehr lange dauern, bis ein daumennagelgroßer Mikrocomputer in der Lage sein wird, die erforderliche Umkodierung von Nervenströmen in Motorbewegungen auszuführen, und dann steht der praktischen Verwirklichung dieses Prinzips nichts mehr im Wege.
Oder ein anderes Beispiel: Es ist eine erwiesene Tatsache, daß erhebliche Kraftstoffmengen einzusparen wären, wenn alle Verkehrsampeln wirklich bedarfsgerecht im Hinblick auf einen

zügigen Verkehrsfluß gesteuert würden. Die Technik hat dieses Problem längst mit Hilfe von Zählschleifen in der Fahrbahn und entsprechenden Computern für die Auswertung gelöst. Einer allgemeinen Einführung standen bisher die Kosten für den Computer entgegen. Es liegt nun durchaus im Bereich der Möglichkeit, daß die Kostenfrage durch den Mikroprozessor in eine ganz andere Dimension gerückt und damit die allgemeine Einführung eines optimierten Verkehrsflusses zur Freude aller Autofahrer möglich wird.

Ein Beispiel dafür, daß mit der Möglichkeit der Verwirklichung auch ganz neuer Bedarf entsteht, hat jeder selbst in den letzten Jahren mit verfolgen können. Als es nur mechanische Rechenmaschinen gab, hat doch kein Privatmann daran gedacht, eine derartige Maschine für seine gelegentlichen Rechenbedürfnisse anzuschaffen. Heute werden über hundert Millionen Taschenrechner pro Jahr hergestellt und verkauft. Der Bedarf ist also vorhanden, er ließ sich nur mit den bisherigen Mitteln nicht befriedigen.

Aus vielen jetzt schon bekannten Aufgaben, die durch den Mikroprozessor lösbar werden, wurden nur drei herausgegriffen. Die Hersteller der Mikroelektronik-Bauelemente rechnen damit, daß im Jahr 1985 die Hälfte des Umsatzes in Geräte und Anwendungen geht, die es heute noch gar nicht gibt!

Mehr noch als beim großen Computer wird der Mensch die Folgen des Mikroprozessor-Einsatzes direkt am eigenen Leibe spüren, und die Vorhersage, daß es sich hierbei um eine ähnliche revolutionäre Umwälzung handeln kann wie bei den drei früheren industriellen Revolutionen, dürfte nicht von vornherein abzulehnen sein.

Es wird sich dann aber auch bei der vierten industriellen Revolution wiederum zeigen, was schon nach den vorherigen bedeutenden Umwälzungen als Ergebnis zu erkennen war. Grundlegende neue Entwicklungen in der Technik bringen niemals einen wirtschaftlichen Rückschritt, sondern eröffnen immer neue Wege, Bedürfnisse des Menschen zu erfüllen und den Wohlstand zu vermehren.

In diesem Sinne ist der Mikroprozessor also bestimmt kein Jobkiller, sondern er ermöglicht es uns, Dinge zu schaffen oder zu tun, die früher nicht machbar waren. Es kommt nur darauf an, diese Chance auch richtig zu nutzen. Das ist eine Herausforderung an uns alle.

Register